陶菴集

이 책은 2015·2016년도 정부(교육부)의 재원으로 한국고전번역원의 지원을 받아 수행된 '권역별거점연구소협동번역사업'의 결과물임

This work was supported by Institute for the Translation of Korean Classics-Grant funded by the Korean Government

韓國古典飜譯院 韓國文集校勘標點叢書

陶菴集 1

李縡 著

崔禮心 校點
張裕昇
權津鈺
李承容

凡例

本文

1. 이 책은 李縡의 文集인《陶菴集》을 標點·校勘한 것이다.
2. 이 책의 底本은 韓國文集叢刊 第194~195輯에 실린《陶菴集》이다.
3. 原底本은 1803年 整理字體 活字로 간행된 初刊本이며, 그 所藏處는 서울大學校 奎章閣(圖書番號 : 古3428-27)이다.
4. 校勘에 사용된 주요 參考資料는 다음과 같다.
   - 南忠壯公詩稿 : 南延年 撰, 1748年刊(初刊本), 韓國文集叢刊(續)49, 서울大學教 奎章閣(圖書番號:奎5269) 소장, 民族文化推進會, 2007.
   - 老峯集 : 閔鼎重 撰, 1734年刊(初刊本), 韓國文集叢刊129, 延世大學校 中央圖書館(圖書番號 : 811.98-민정중-노-판) 소장, 民族文化推進會, 1994.
   - 大學 · 中庸 : 胡廣 等 編, 1820年, 學民文化社, 1990.
   - 孟子 : 胡廣 等 編, 1820年, 學民文化社, 1990.
   - 明谷集 : 崔錫鼎 撰, 1721年刊(初刊本), 韓國文集叢刊154, 國立中央圖書館(圖書番號 : 한46-가1170) 소장, 民族文化推進會, 1995.
   - 法言 : 揚雄 撰, 文淵閣四庫全書696, 臺灣商務印書館, 1986.
   - 屛溪集 : 尹鳳九 撰, 1802年刊(初刊本), 韓國文集叢刊203, 서울大學教 奎章閣(圖書番號 : 奎6663) 소장, 民族文化推進會, 1998.
   - 肅宗實錄 : 春秋館 編, 太白山史庫本, 國史編纂委員會 影印, 1970.
   - 詩經 : 胡廣 等 編, 1820年, 學民文化社, 1990.
   - 柳溪集 : 姜命奎 撰, 1898~1920年刊(初刊本), 韓國文集叢刊(續)124, 高麗大學校 中央圖書館(圖書番號 : D1-A589) 소장, 韓國古典飜譯院, 2011.
   - 栗谷全書 : 李珥 撰, 1814年刊(全書重刊本), 韓國文集叢刊44, 延世大學校 中央圖書館(圖書番號 : 811.97-이이-율) 소장, 民族文化推進會, 1989.
   - 隱峯全書 : 安邦俊 撰, 1864年刊(重刊本), 韓國文集叢刊80, 서울大學教 奎章閣(圖書番號 : 奎5349) 소장, 民族文化推進會, 1991.

• 仁祖實錄：春秋館 編, 太白山史庫本, 國史編纂委員會 影印, 1970.
• 竹川集：朴光前 撰, 1929年刊(三刊本), 韓國文集叢刊39, 國立中央圖書館(圖書番號：古3648-文25-77) 소장, 民族文化推進會, 1989.
• 圃隱集：鄭夢周 撰, 1607年刊(永川重刊本), 韓國文集叢刊5, 延世大學校 中央圖書館(圖書番號：811.96-정몽주-포-라) 소장, 民族文化推進會, 1990.
• 海隱遺稿：姜必孝 撰, 1895年刊(初刊本), 韓國文集叢刊(續)108, 延世大學校 學術情報院(圖書番號：811.98/강필효/해) 소장, 韓國古典飜譯院, 2010.
• 孝經援神契：著者未詳, 玉函山房輯佚書, 2004, 廣陵書社.

5. 影印 과정상의 문제로 인해 현재 底本에서 判讀이 어려운 글자나 變形된 글자는 원 底本에 의거하여 補充·訂正하고 별도의 校勘記는 달지 않았다.
6. 여러 參照本과 글자의 차이가 있을 경우 이를 校勘記에서 밝히고, 本文은 修訂하지 않았다. 혹 차이 나는 글자의 正誤와 관련해 校勘記에 校勘者의 見解를 밝히기도 하였다.
7. 本文의 誤謬가 명백한 경우 본문을 고치고 校勘記에 그 근거나 사유를 밝혔다.
8. 本文의 誤謬로 의심 가는 점이 있으나 根據할 만한 對照本이 없을 경우에는 校勘記에 그 내용만 언급하였다.
9. 底本과 異本 간에 글자의 차이는 있지만 어느 쪽이 옳은지 확정할 수 없는 경우 校勘記에 그 내용을 밝혔다.
10. 本文에 쓰인 異體字 가운데 현재 일반적으로 通用되지 않는 글자는 모두 代表字로 고쳐 쓰고 校勘記는 달지 않았다. 代表字 여부의 판정은 韓國古典飜譯院 異體字 檢索시스템을 準據로 하였다.
11. 慣行的인 筆記習慣에 의해 발생한 誤字는 本文의 文脈에 맞게 고쳐 쓰고 校勘記는 달지 않았다.

    예) 己 已 巳, 簫 蕭

12. 이 책에 사용된 標點符號는 다음과 같다.

。	疑問文과 感歎文을 제외한 敍述文 및 語調가 약한 命令文 끝에 쓴다.
?	疑問文의 끝에 쓴다.
!	感歎文이나 感歎詞의 끝, 강한 語調의 命令文·請誘文·反語文의 끝에 쓴다.

,	한 文章 안에서 일반적으로 句의 區分이 필요한 곳에 쓴다.
·	名詞의 竝列이 重層的인 경우, 모점(、) 안에서 竝列語를 구분하는 데 쓴다. 書名符號 안에서 書名과 篇名 등을 구분하는 데 쓴다.
、	한 句 안에서 竝列된 名詞 또는 名詞句 사이에 쓴다.
;	두 句 이상으로 구성된 각 節이 竝列을 이룰 때 그 사이에 쓴다.
:	완전한 引用文의 경우 引用符號와 함께 쓰거나, 話題 혹은 小標題語로서 文章을 이끄는 語句 뒤에 쓴다.
“ ” ‘ ’ 「 」『 』	각각 1차, 2차, 3차, 4차 인용문에 쓴다.
【 】	小註를 나타내는 데 쓴다.
《 》	書名, 篇名, 樂曲名, 書畫名 등을 나타내는 데 쓴다.
___	人名, 地名, 國名, 民族名, 建物名, 年號 등의 固有名詞를 나타내는 데 쓴다.
□	빠진 글자의 자리에 쓴다.
▨	훼손된 글자의 자리에 쓴다.

目次

1. 目次는 底本의 目錄과 관계없이 별도로 整理·收錄하였다.
2. 本文에 제시된 題目을 그대로 싣는 것을 원칙으로 하되, 題目이 없거나 文體名이 題目을 대신하는 경우 등은 여타의 제목에 準하여 임의로 작성하였다.
3. 題目의 誤謬가 분명한 경우는 修正된 사항을 目次에 반영하였다.
4. 題目 아래 附記된 紀年·人名·篇數 등은 原註로 처리하였다.

目次

陶菴集 卷一

詩

陶菴集 卷二

詩

陶菴集 卷三

詩

陶菴集 卷四

詩

陶菴集 卷五

疏

陶菴集 卷六

疏

陶菴集 卷七

疏

啓

陶菴集 卷八

陶菴集

卷一

詩

詩

卽事【丁卯○先生八歲時】

門掩草堂靜，人間事事幽。
游魚思碧海，睡鶴夢滄洲。

黃梅洞【丙子】

春後殘花點碧山，一笻清興白雲間。
笑他露積峰前水，何事奔流不暫閒?

夢作【丁丑○夢得末句，覺後成首句】

汩汩紅塵裏，郊園入夢頻。
江湖月明夜，誰是拂竿人?

偶吟【庚辰】

囊窄詩難富，樽盈興不貧。
眼前天地意，心上古今人。
阮拙元多病，彭愚解養身。
浮生常苦惱，齪齪老風塵。

松都清香閣

明月依依過女墻，夜深樓影漾淸塘。
芰荷消息何須問？新得梨花滿院香。

竹橋聽童歌

傍人莫唱圃翁歌，故國千年苦調多。
明月子規啼血恨，不堪牽動竹橋波。

感舊【辛巳】

篋實曾傷逐月陳，思良不獨爲家貧。
青春何所無芳草？《白雪》元來少和人。

平日如磋眞益友，八年相敬又嚴賓。
願將哲範貽新婦，昕夕怡顏上奉親。

曉意【壬午】

曉意如春夢，依微半醉醒。
先生虛室白，快露遠山青。
天地寧長夜？朝曛自化扃。
吾心卽一理，昏處喚惺惺。

述懷示同志

嶄嶄大行險，擾擾蠻觸鬨。
魯郊悲獲麟，虞廷無儀鳳。
我生苦不辰，造物胡太弄？
所幸爲男子，有材宜樑棟。
世事不如意，虛名但驚衆。
爐金誤一躍，荊玉悔三貢。
出關梁鴻噫，憂時賈生慟。
富貴本非願，行藏要得中。
有意擧家隱，夢想烟霞洞。
聖人有遺經，大道醒羣瞢。

於焉得所歸，言行俱折衷。
恢我好心地，醫我大病痛。
工夫鳥習飛，衆理春釋凍。
一簣足成山，萬里期縱鞚。
文章亦餘事，韓、歐可伯仲。
此心矢不負，玆言聊自諷。
浮榮解桎梏，萬事常倥傯。
所以今世人，生醉而死夢。
草木易同腐，歲月莫虛送。
達士如在傍，笑我徒筭甕。

榮州權生【舜元】，治經不成名。余相識于泮舍，傷其年老歷落，詩以慰之。後六七載來訪，歡然語故。榮是永嘉比邑，余因問黃池之勝，生道之亹亹可聽。又言黃池之東三十里至陟州界，有長生面，洞府幽邃，地勢夷豁，土肥沃，與黃相埒，景趣則過之。上產靈芝，採食令人忘飢，下有大川，由太白發源，縈帶折旋，清澈可愛。或匯爲深潭，或鑿成石門，地志所載五十川是已。洞中籬落纔十數，其姪某搬家入住云。余疾痼烟霞，夢想幽境，聞此不覺神往，此豈天地慳祕，以資我鹿門之隱耶？遂口號短律，以致乞山一半之意

黃池東去別乾坤，洞裏仙家凡幾村？
芝草療飢人綺皓，秋禾靡稅地桃源。

天低絶峽開成野，水鑿層崖巧作門。
鬼祕神慳應有待，他年叢桂許攀援。

次金台丈【字杭】見示韻【癸未】

歲序隨流水，吾心負惜陰。
瞻依天咫尺，慚愧地嚴深。
嬾作撚髭苦，時成抱膝吟。
請看松栢樹，不受雪霜侵。

其二

高風凋萬木，庭月不成陰。
列戟周廬肅，簪毫翰苑深。
喜從床下拜，愁和郢中吟。
良夜宜淸話，明朝百事侵。

其三

大隱金門裏，周旋長者間。
風塵胡局促？天地自寬閒。
忽忽黃花節，迢迢謝朓山。
重吟林下句，千古幾人還？

沈參奉【榎】挽

泮水青春聲價，潛郎白首沈淪。
窮通在數無奈，經籍傳家有人。

其二

人間百年存沒，座上三日馨香。
怊悵金陵舊宅，秋來松菊荒凉。

圜室夜話，題贈申寧海【奎】求和【甲申】

歷落申文甫，頎然好丈夫。
幾年官嶺海？中夜憶江湖。
鬢雪緣愁得，詩魂倩酒呼。
炎蒸一句苦，無忘在金吾。
【申獨引一大巵，自道欲招詩魂，故第六句及之】

出城【曝史行時】

跨馬卽千里，出城方九秋。
詩應得神助，天幸倩良遊。
溟渤行將涉，蓬萊若可求。

同携明月色，倚遍幾高樓。

月精寺

漢時滄海郡，羅代水精樓。
僧定雲棲塔，龍歸月在湫。
客行當旣望，山意忽深秋。
盡日冥搜遍，楓杉萬壑幽。

上院寺

籃輿三十里，攀石更捫蘿。
寺古雲常宿，天寒桂自花。
鳴鐘一僧在，落木萬山多。
聖祖停鑾地，沈吟到日斜。

九月旣望，題靈鑑寺

高堂親老病，王事我淹留。
杳杳瞻雲夕，陰陰落木秋。
萬山孤寺在，千慮一燈幽。

安得傳平信，因之詫壯遊？

清涼十二詠

玉立十二峰，問誰爲第一。
僧言最高處，正好迎朝日。

【第一】

其二

奇哉佛祖力，削出三層塔。
不管寺興廢，千年空自立。

【金塔】

其三

十丈新開朶，姸姸半出天。
相看似相笑，知我是青蓮。

【蓮花】

其四

箇中眞面目，朝日照香爐。
恨無千丈瀑，飛灑半天隅。

【香爐】

其五

月留曾唳地，雲戀舊棲巓。
我來峰下宿，應有夢中仙。

【仙鶴】

其六

天光銀漢近，霞氣赤城遙。
月上僧歸定，猶應聞紫簫。

【紫簫】

其七

衆峰拱其下，仰之如丈人。
偃蹇烟霞態，千年不到塵。

【內丈人】

其八

突兀羣峰外，亭亭兩石丈。
俗子不曾攀，孤雲時獨往。

【外丈人】

其九

尖峰天畔立，怪底名爲筆。
客來尋舊迹，下有金生窟。

【筆】

其十

月照影全圓，雲生光欲滴。

化翁眞巧思，故置筆峰側。

【硯滴】

其十一

仙人去不返，白雲天際寒。

青山萬古在，猶學舊飛鸞。

【紫鸞】

其十二

昨訪退陶舍，遙懷洙、泗風。

酩酊三盃酒，長吟下祝融。

【祝融】

島潭卽事

峽靜湖光合，沙明水岸齊。

月臨蓬島小，星入石門低。

天地玆邱勝，琴尊我輩携。

夜深風露下，帆影數峰西。

感懷寄同僚求和

小寒時節雨頻來，天氣如春花欲開。
明主也應潛禱雪，傍人但道慣聞雷。
朝廷草草論思策，宇宙寥寥燮理才。
憂國小臣空感慨，看書坐到曉鐘催。

喜雪示右史求和

凝陰近臘雪如期，平地鋪來一尺奇。
晴旭出時銀海眩，九天宮闕玉參差。

其二

雪色窓明坐寂寥，殿西松竹聽蕭蕭。
無端一夜青綾夢，猶自騎驢過野橋。

其三

彤管詞臣臥直廬，經旬病渴更何如？
嘉平此去猶多日，瑞白須君不一書。

攀和御製

王有君人言，天應錫萬稔。
春和方議賑，日昃常忘飪。
華祝聖猶辭，《抑》詩謙愈甚。
願言存此心，恒若淵冰凜。

攀和大報壇御製

日吉明禋奠璧親，恭將彤管紀王春。
精誠享帝焄蒿愴，文物從周佾舞陳。
今夜壝壇瞻黼扆，百年天地愧冠巾。
生成至澤邦猶活，永願眞遊左海遵。

赤裳山城和龍潭金使君【鎭玉】韻

譙樓一出萬山斜，繫馬應知落澗花。
句漏丹成須見憶，天東紫氣隱朝霞。

城西卽事【丙戌】

垂柳陰中一徑斜，柴門鷄犬似仙家。

閑來携杖移時立，好鳥飜飛落晩花。

其二

燕語鶯飛白日斜，春光歸去屬誰家？
池塘四月生顏色，開遍薔薇滿架花。

拜六臣書院

蒼茫獨立鷺江祠，老木烟波欲暮時。
回首魯陵新象設，九原忠魄不須悲。

禁省記夢，示從弟汝剛【綵】兼柬花田諸兄【丁亥】

愛聽承簷雨，還成倚几眠。
郊園歸恍惚，松竹看依然。
花發青山郭，人耕白水田。
覺來空佇立，宮漏午時傳。

其二

苦憶吾廬好，休官幾日旋？
風塵閒歲月，夢想故林泉。
野樹啼農鳸，山花落杜鵑。

遙吟靑草句，歸思滿春天。

平川君申公【琓】挽

宿德平川老，吾猶及典刑。
宣綸記門館，正笏見朝廷。
氣已收維嶽，精應化列星。
王家又餘慶，彤管屬寧馨。

其二

廊廟安危繫，江湖進退憂。
民方望司馬，天遽奪楊侯。
忍說秦舂輟？才驚羿彀遊。
風濤浩無際，回首憶商舟。

次丈巖鄭丈【澔】見寄觀漲思歸韻

雲林乍別便思歸，城市尋常塵滿衣。
遙想仙舟乘漲去，白鷗無數下漁磯。

丁亥十月廿六日，余與金必亨【濟謙】、洪惠伯【啓迪】、吳明仲【晉周】、尹鳴叔【鳳朝】會于淸風溪，俱同庚也。遂結社，約以一歲再會，酒後口號一律以記之，仍要諸公俯和

十月楓溪眞率會，黃花赤葉亂蕭蕭。
蓬桑壯志俱同歲，松柏貞心共後凋。
洛社畫傳應異日，奎躔星聚且今宵。
酒醒日落方歸去，佳節年年許更邀。

李宜寧【志奭】挽

禁直岧嶢接院司，夜中燒燭憶論詩。
官微郎署憐三絶，地近庭闈喜一麾。
鳧舃未歸魂已斷，鯉書纔到死還疑。
洋州去後人皆俗，篔谷寒梢萬古悲。

志感【戊子】

玄陸凝陰盡，靑郊淑氣新。
還思大寒日，那意此陽春？
世道寧長否？天心本至仁。
書生空感慨，四海尙胡塵。

望妙香山

驄馬遲遲發，香山却在前。
方知眞面目，未了宿因緣。
乍見還千里，相期且壯年。
螺鬟如有意，送客過熙川。

其二

咫尺神仙宅，蒼茫遊子行。
不因王事重，直可世緣輕。
花柳迷西塞，雲霞護赤城。
平生孟陽戒，駐馬謝山靈。

江界人桂秀芳死於深河之戰，一家三人同死，忠節卓然。後九十年，因府伯權公【愭】疏請，命旌其閭。余暗行時，過其門而式，咨嗟感歎，久而不能去。及巡到本府，桂氏子來示權公詩，輒和其韻，留示邑人，以爲激礪忠義之一助云

萬里乘驄客，江邊問俗歸。
一門三節義，行路亦光輝。

禹進士【洪傳】挽

達城吾桐鄉，人才擅南紀。
禹丈有賢子，文行全厥美。
未見已情親，聞名自童齒。
所恨雲樹阻，佳期杳千里。
往者歌《鹿鳴》，訪余洛城裏。
眉宇得淸眞，腹笥皆經史。
操管入場闈，揚袂游璧水。
一擧卽成名，鵬騫從此始。
馳書報吉還，喜氣動桑梓。
老親知子來，門閭終夕倚。
鄰里聞君歸，釃酒惟日俟。
但言朝暮見，誰復疑生死？
凶音一朝至，慶弔頃刻是。
哀哀崩城哭，一慟仍不起。
相隨重泉下，曾不移日晷。
慘惔湖、嶺交，旅櫬中道止。
遺橐一試幅，銘旌新進士。
行路亦凄咽，猿腸竟何似？
憶君方戒裝，余作衣繡使。
悤悤闕庭別，相勉愼行李。
驅馳半年歸，存沒遽若此。
脩短各有命，天道莽難恃。

胡不假日月　歸見親顔喜?
逝者定不瞑，此恨寧有已?
灑涕滿南雲，挽歌替哀誄。

洪持平【萬迪】挽

百年詩酒擅風流，三刖荊珍晩見收。
雷肆執經慙接武，星堂添燭憶同遊。
卽看聖代虛瀛館，誰遣淸都記玉樓?
落日門閭猶望眼，幽明此恨定難休。

李判書【益壽】挽

冢宰門庭似水淸，布衣心不改平生。
直言早結明君契，廉節非要濁世名。
夢叶瓊瑰纔退食，望孤台鼎孰調羹?
時危倍切云亡痛，不獨通家四世情。

靜觀齋李先生【端相】遷葬挽【己丑】

先正旣云邈，世道日以非。

小子生苦晚，未摳門下衣。
擿埴名利塗，出入善惡幾。
淸風激懦肝，百世願依歸。
恭惟眞氣象，鳳凰千仞飛。
嗚呼不可見，歎息屢嘘唏。

其二

赫舃卿相門，岧嶢金華廬。
榮名誰不羨？富貴固在余。
自非介石貞，誰回中道車？
棲遲邱壑間，所樂在詩書。
聖人譬蹈刃，此語諒非虛。
所以恬退人，千古數錢、疏。

其三

大《易》祕圖象，至理包乾坤。
逍遙弄丸窩，默契先天言。
靈臺瑩而靜，洞觀萬化原。
若見伏羲來，一破羣蒙昏。
瑤琴絃中絶，古音不復存。
不識入道門，焉知山斗尊？

其四

睠彼靈芝洞，杖屨之所遊。

池華湛寒月，肅然精爽留。
當時格致志，直欲回大猷。
感慨三秀詠，蕭條拱木秋。
堂封再改卜，林澗如含愁。
魂兮又何懷？樂哉先人邱。

其五

龍亡大澤空，舞鱔一何多？
滄桑屢變易，世事欲無吪。
華陽旣寂寞，渼水空寒波。
獨有過庭者，抱經守巖阿。
皓天恐不復，吾道竟如何？
悠悠千載名，不廢有江河。

贐洪惠伯五臺之行

翰林官味齒曾酸，猶憶名山曝曬還。
孤鴈不堪飛漢塞，青牛誰復出周關？
眼窺三百年來史，行遍東南海上山。
宿債秖今留峴首，憑君豪句發天慳。

訪蒼玉屏

夜宿楊門驛，朝尋蒼玉屏。
窩空山寂寂，峽轉霧冥冥。
溪水侵樽石，巖楓落廟庭。
精神千載後，寒月滿虛汀。

經古戰場感古

曾聞此地喪王師，落日躊躇獨詠詩。
田父耕時多戰骨，忠臣死處有遺祠。
寒烟宿莽傷秋色，老樹長川閱古時。
身後不須論勝敗，蒼苔虛蝕柳琳碑。

過楸木村記所見

赤葉黃花處處村，柴門鷄犬似桃源。
峽中猶有太平象，白髮老翁閒抱孫。

登斷髮嶺

冥冥雨色滿蓬壺，咫尺千峰却有無。

半日登臨窮萬變，雪山銀海便須臾。

其二

宇宙扶輿淑氣鍾，半空撑出玉芙蓉。
不愁關塞三千里，且看蓬萊一萬峰。
海闊童船何處覓？月明笙鶴若相逢。
烟霞踏盡方歸去，到底扶吾有短筇。

飛虹橋

九月淸霜赤葉凋，萬山深處隱松寮。
欲尋蓬海三千界，先渡銀河第一橋。

長安寺

度樹穿磎問幾重？人間有路接瀛、蓬。
未醒新院村中酒，來聽長安寺裏鐘。
落日危橋虹飮水，晴天列岫雪堆空。
茫茫浩劫沈吟事，却共山僧倚晩松。

三日浦

秋日晩湖淸，水天相與明。
鴈依沙際宿，人在鏡中行。
返照樓臺影，隔林鐘磬聲。
靈龜又獅子，巧刻爲誰成？

訪金幱窟，遇風不果行

元來溟渤少安流，頃刻風濤莫漫愁。
千古畏途惟宦海，幾人臨岸却停舟？

次圃隱駕鶴樓韻

天涯客思倦登樓，圃老詩篇萬古留。
山勢北來重嶺壯，邑城南去大川流。
絃歌雜沓娛淸夜，風雨凄霏送晩秋。
望裏白雲飛不盡，長途鞍馬幾時休？

元山

征馬滄溟外，元山大野邊。

村臨直北道，門泊二南船。
星燦漁燈曉，風腥晚市天。
雨中波浪湧，長嘯意茫然。

次高州板上東岳詩

幾日門閭倚夕暉？寒風弊盡手縫衣。
看雲陟屺連年事，書劍初心悟昨非。

送秋

風雨蕭蕭斷送秋，縣齋殘燭坐搔頭。
與君又是經年別，爲客偏知此夜愁。
落木寒天傷遠望，黃沙白雪擁行輈。
邇來却喜光陰疾，窮臘方須返故邱。

咸關嶺

盤泥石棧共縈紆，名與雙磨壯八區。
樹杪籃輿穿霧度，風前官角入雲呼。
身臨絶頂天如近，眼盡滄溟地却無。

日下長安看更遠，夕陽征馬且徐驅。

洪原館遇趙生【灌】話舊，仍次立巖韻

度嶺身全倦，逢人眼却明。
沙鷗飜落照，喬木立新晴。
盃外滄溟闊，吟邊大野平。
收將送秋恨，重說十年情。

又次

洪原縣裏卸征鞍，近塞秋容樹樹殘。
蓬岳雲迷懷蠟屐，杏湖波闊夢漁竿。
孤城笳鼓人催老，絶域風霜菊傲寒。
朝日欲登穿島望，詩愁牽動海天間。

觀城館次立巖詩

官角吟風俯海灣，醉憑豪句發天慳。
孤城細雨獨歸客，落日重雲何處山？
一出陽關少青眼，前臨蜀道換朱顏。

寬心賴有還鄕夢，每夜長安咫尺間。

先王考議政公，以中丞論三大臣竄甲山，直聲震一時。後四十三年，不肖忝佐北幕，過居山驛，壁上有舊題詩，不勝感愴，輒敢附和于後云

十月關河北，天寒欲雪時。
倦遊書劒客，感涕壁紗詩。
嶺近山圍驛，樓高海作池。
行經吟鵬地，征馬更遲遲。

憩金藏寺

落日金藏寺，淸遊玉帳賓。
邊陰不成雨，山色似迎人。
積葉微分徑，桃花易失津。
僧言最深處，衆壑玉嶙峋。

朱村館，和鄭通判厚卿【東後○自此及還，幷與鄭酬唱】

諫草何曾動玉旒？腐儒還愧贊戎籌。

相逢各記經年面，遠役渾忘一月愁。
畫角吹殘關塞雪，黃花開似故園秋。
邇來知長夔州格，秉燭看詩更刮眸。

其二

窮陰漠漠塞雲頑，客子來時雪滿山。
戀主遙瞻青瑣闥，逢人忽是鬼門關。
三年笳鼓邊城淚，萬里衣冠故國顏。
秉燭相看眞似夢，獨憐羇鬢已全斑。

其三

十月邊風勁，黃花冷不禁。
地臨滄海盡，天入鬼門陰。
萬里朱村夜，平生《白雪》吟。
孤燈耿無寐，相對歲寒心。

入鏡城

日落轅門風滿旂，胡笳《三弄》使人悲。
孤城雪後客初至，絶塞霜前鴻已歸。
四境塵淸閒草檄，長途身倦廢吟詩。
天涯歲色駸駸暮，弊盡高堂手線衣。

輪城館次宋東萊【象賢】韻 【此以下郵筒往復】

萊海驚濤夜撼城，忠臣遺恨未誅鯨。
也應氣作山河壯，撐柱乾坤永不傾。

兄弟巖

雙巖從古弟兄名，對立亭亭似有情。
人世百年終鮮恨，夕陽回首白雲橫。

寧山館寄懷

孤城四面亂山斜，客子悲歌和夜笳。
十月風霜凋白草，百年心事對黃花。
運籌樓壯愁仍破，載筆堂空望更賒。
故人青眼如相見，驚喜還同已到家。
【落句平仄，用賈至大明宮體】

行望闕禮

祥雲晻曖殿牌傍，客館庭東虎拜蹌。

幕府行裝携匣劒，侍臣衣袖滿爐香。
星環北極瞻宸幄，日出東瀛想耿光。
千里塞關天咫尺，夢魂前夜趁鵷行。

茂山府

東流豆滿發源初，破壁崩城百戰餘。
區畫始聞南相國，腥羶曾是北戎居。
一方都護新開府，萬頃良疇古廢墟。
王化卽今無遠邇，行看閩越戶詩書。

其二

百尺譙樓橫歲暮，高歌醉眼望胡天。
車踰嶺險無方軌，豆滿江深豈斷鞭？
三、甲要衝元此地，六丁開鑿問何年？
殷勤寄語申都護，宵旰宸憂在北邊。

聽人談白頭山

壯觀憑君得快論，白頭勢欲敵崐崙。
北蟠大陸無天地，東走千山若子孫。
緩嶺細開三水路，深淵遙發二江源。

明朝試上南峰望，積氣中間目力昏。

豐山堡

愁絶孤城對朔雲，三盃薄酒不成醺。
家人見月應懷我，旅舍挑燈更憶君。
京洛音書何日到？華夷疆界此江分。
天長地闊無歸夢，皷枕邊聲夜夜聞。

會寧府

慘惔風雲接地陰，胡笳夜夜動悲吟。
書生白羽安邊略，都護青驄伏櫪心。
燕塞古碑增感慨，庾樓明月倦登臨。
主恩如海身方健，不怕天山丈雪深。

其二

淸時豈是厭承明？年少雄心欲請纓。
弧矢四方男子事，旌旗萬里女眞城。
將軍大獵雲沈磧，戍客悲歌月滿營。
北望神州天尙醉，龍泉空作不平鳴。

其三

于今聖代息邊塵，敢說吾行足苦辛？
出塞胡山麤面目，登樓雪月爽精神。
魯連遺恥臨東海，工部悲歌望北辰。
到處王靈知有藉，今年關外暖如春。

韓平李都護【基泰】重新靜邊樓以落之

譙樓千尺朔雲陰，興廢悠悠感古今。
睥睨平臨楡塞闊，闌干俯見豆江深。
百年湖海元龍氣，萬里關山老驥心。
寄與新詩當賀燕，寒天倚劒更長吟。

慶興道中

客子天寒後，邊城歲暮時。
行尋西水堡，且詠《北山》詩。
日月生青海，風雲護赤池。
明朝馬東首，京洛是歸期。

西水羅

鼓角緣邊郡，行行月幾彎？
孤城三面海，京國萬重山。
地盡人將返，天長雁未還。
蒼茫島嶼外，坐羨白鷗閒。

觀日出

扶桑繫馬曉熹微，快覩陽烏萬里飛。
盪海初疑金鉢浴，烘雲遙作火城圍。
赤龍鱗甲翻翻動，黃道旂幢閃閃歸。
宇宙卽今長夜裏，何由照遍大明暉？

叙懷

萬里陰風卷旆幢，元來夷夏限長江。
幾時邊塞無乘障？從古高樓有受降。
聖代干城資妙略，迂儒詩酒瀉愁腔。
故園知在雲天外，朝夕胡山自滿牕。

復次前韻

六鎭開成世廟初，山河猶是戰塵餘。
邊疆舊限先春嶺，蕃帳今無老土居。
北地人民盡絃誦，　中朝文物已邱墟。
茫茫浩劫何時了？ 獨坐沈吟閱古書。

和厚卿寄來古詩

自我來北幕，酬唱凡幾日？
故人富述作，古詩爲第一。
耿耿歲寒心，開緘已相悉。
想見揮毫時，辭蹙而情溢。
十月天雨雪，窮荒寒慘慄。
回轅望雉城，爲君驅且疾。
年年關河道，行役何時畢？
始知下澤車，絶勝千里馹。
《峨洋》爲誰彈？ 孤桐橫我膝。
浮雲西北來，頃刻互相失。
感此長歎息，呼燈更拈筆。
遙遙白頭山，豆江此其根。
江水日夜流，我懷竟難諼。
朔風卷飛蓬，積雪擁征轅。

荒城鼓角悲，未暮常閉門。
美人在天末，期我以黃昏。
遠遊從此始，離別那復論？

和厚卿折菊花幷詩見寄韻

朔風捐菊芳，嚴霜被蕙畹。
采采欲遺誰？佳期空婉晚。
惜此馨香歇，日覺朱顏損。
去歲花村雪，尋梅跨驢蹇。
山川非故國，道途一何遠？
王事敢言勞？人情自懷本。
漢庭盛才俊，臺省登袞袞。
獨憐廣文翁，流落久不返。
萬里同爲客，詩來見心悃。
勖哉後凋節，託物仍綣綣。

其二

孟冬天氣寒，北風凋白草。
使君東閣下，黃花爲誰好？
芳馨恐消歇，采采不盈抱。
謂我同心者，于以遺遠道。
應知前夜雪，枝葉半顚倒。

臨風更三嗅，寒英猶未槁。
片時東園花，灼灼何太早？
吁嗟世之人，晩節鮮自保。
與子歲寒心，持此以爲寶。
悵望復何言？南山松柏老。

其三

憶我辭京闕，風雨屬重陽。
掇彼東籬菊，泛此親友觴。
離觴不盡意，各已天一方。
邊城十月雪，寒花猶自香。
花開一何晩？我行一何忙？
折花且滿頭，三歎懷故鄕。

其四

相思復相思，故人在鏡城。
迢迢大江流，漠漠暮雲生。
坐讀聽雨詩，藹然千里情。
北風吹斷蓬，孤鴻何處征？
乍別惄如飢，旣覯心卽平。
戍角動嗚嗚，關月明三更。
輾轉不能寐，郵筒且寄聲。

夕烽

欲憑烽火報平安，遙想家人向夕看。
萬里關河雲霧裏，憐渠那得到南山？

載筆堂呼韻同賦

遠客歸時天正寒，孤城門閉角聲殘。
共傾玉帳蒲萄酒，却笑長安苜蓿盤。
爭得歲華添鬢雪？捲來滄海助文瀾。
乾坤跌宕須吾輩，萬里關山縱大觀。

其二

今宵新月又窺簷，雲外終南入夢尖。
聯榻幸逢金玉友，登盤惟有水晶鹽。
詩愁滿面眉常皺，時事驚心口欲箝。
歲暮邊風吹雪急，莫教來着少年髥。

其三

瀟灑三衙接四衙，肯將絃管競繁華？
醉時豪氣看雄劒，夢罷鄉愁入斷笳。
故國書來先喜鵲，孤城雪後下啼鴉。
長安此去千餘里，比却君家不是賒。

其四

何遜看梅嬾出衙，緣詩贏得鬢絲華。
故園歸思山當笏，戍壘寒聲月滿笳。
愁裏可堪書斷雁？醉來惟有墨飜鴉。
今宵一夢趨丹陛，不道關河萬里賒。

其五

相將罇酒醉官衙，憶我辭家菊有華。
客枕元來長少睡，戍樓何事更吹笳？
文章自愧如斑豹，時象堪嗟莫黑鴉。
平日赤心期報國，敢言關塞道途賒？

其六

詩酒風流盛兩衙，塞天雲物動光華。
時平不用書生檄，歲晏偏傷戍客笳。
永夜邊聲聞牧馬，夕陽羇思數歸鴉。
夢中欲覓來時路，關嶺連天古驛賒。

其七

隴雲關樹摠情含，愁聽寒城笛《弄三》。
十月風霜來漠北，三秋橘柚夢江南。
玉盤纖手深深酌，孤燭青眸款款談。
半世詩名眞忝竊，逢君大手詎無慙？

其八

起看孤月半山含，戍角寒更已報三。
心似星辰環極北，夢隨烽火到終南。
關河歲色催歸思，幕府風流騁醉談。
萬里江湖波浩蕩，舊盟吾向白鷗慙。

拈韻

兩鬢蕭騷雪欲侵，小燈殘角夜沈沈。
華筵絲管無心醉，荒徑松筠有夢尋。
十日鏡城詩百首，一書京國字千金。
臨分共指浮雲去，何處人生不盍簪？

其二

詩愁旅恨動相侵，畫角吹殘塞日沈。
滄海鷗邊波萬里，陰山馬首雪千尋。
神光舊識衝星劍，佳句今聞擲地金。
苦說歸田歸不得，十年塵土愧纓簪。

其三

休言胡馬絶南侵，志士千秋歎陸沈。
中土卽今長夜晦，先春何處古碑尋？
伊吾老將思鳴劍，幽朔精兵樂衽金。

倚醉高歌心激烈，幾時寰宇盡冠簪？

其四

忘年自許斷金朋，穩話燒殘夜夜燈。
愁裏酒功如破敵，古來詩字恥無僧。
風塵已決三宜去，才器元知百不能。
渺渺故山雲萬里，海天歸思竦鞲鷹。

觀獵呼韻

三百豪鷹快意呼，風毛雨血灑寒蕪。
却從元帥高臺望，欲作《天山大獵圖》。
酒後論功人與狗，原頭獻馘雉兼狐。
朔方身手雄如虎，便擬長驅北擊胡。

夜話呼韻

登高時節別秦京，冬至陽生滯塞城。
古戍傳更聞角動，清尊留客到參橫。
雄心欲辨黃龍飲，幽夢空尋白鳥盟。
雪後寒風吹更急，瓊樓夜夜不勝情。

其二

白面何能運幕籌? 丹心猶自戀瓊樓。
憶從粉署含鷄舌, 愁見陰山擁馬頭。
遠役連年寧告勩? 狂言驚俗欲追尤。
卽知報國無長策, 只合將身退急流。

朱村館, 敬次畏齋李公, 贈外王考閔文貞公韻

鬢白攀車不忍離, 絃歌一縣百年思。
今來莫問襄陽石, 尙有遺民涕淚垂。

明川府志感

孤城絶塞古明川, 吾祖當時此北遷。
潮海諸生渾白首, 湘潭故宅已荒田。
鬼門冰雪一千里, 人世悲歡三十年。
書劒獨來懷往迹, 《傷秋》詩句至今傳。

哭黃聖運【啓河】

兄弟巖前送夕暉, 朔風吹雪滿征衣。

故人凶聞此時至，客子長途何日歸？
斷角三聲空涕落，生芻一束奈心違？
天高海闊無窮思，落落晨星看更稀。

其二

同時鵷列盛群龍，敏達才猷少似公。
英氣每看眉睫際，眞心全露笑談中。
肯將憂樂論先後，永擬行藏共始終。
末路誰言交道喪？曾聞日省在謀忠。

其三

移宅纔成偪側居，論交已是十年餘。
通宵與語寧知倦？隔日相逢且恨疎。
關塞遠遊常念我，泉臺此別最憐渠。
還家更忍披箱篋？觸目傷心盡手書。

其四

去年持斧共行邊，今歲爲官各檢田。
原隰賢勞知孰最？漳濱羸疾却同憐。
貂裘辱贈情何極？藥裹相隨涕自懸。
風雨重陽如昨日，誰言死別卽離筵？

其五

榮名虛歷鳳凰池，浮世泡漚事事非。
也識勞生緣報國，空令後死獨憂時。
一鳴仗馬寧辭斥？ 萬里雲鵬不盡飛。
從此相人吾不敢，許君曾以廟堂姿。

其六

歸日靈帷一瓣香，忍將何語慰存亡？
猿腸屢絶無餘淚，雁影全疎失幾行。
脩短悠悠同化土，功名草草半炊粱。
凄凉後事中郎女，想見呼爺泣繞床。

金農巖夫人挽

名家襲訓配儒宗，早識閨儀著懿恭。
鸞誥浮榮渾作夢，鹿門淸操共爲農。
蕭條翠竹無停鵠，邂逅滄波有躍龍。
執紼向來門下士，山頹遺慟重沾胸。

孟監司【萬澤】挽【庚寅】

曾聞游覽遍寰東，禁掖淸談似夢中。

碁局可觀經國手，筆端知有正心功。
承家惠政甘棠在，礪世廉名苦蘗同。
滿目艱虞空涕淚，九原無路起吾公。

柳弼善【成運】挽

每憶談文拜後塵，冲襟疎態本來眞。
栖栖天地多窮鬼，袞袞公卿半故人。
柏樹攀餘憐宿血，荊花凋盡怨殘春。
丹崖苔蝕題名處，應有桐鄕墮淚民。

別嶺南伯李德哉【宜顯】

莽蒼望城市，乖闊阻朋知。
同曹如昨日，忽爾經歲時。
近別且如此，遠別那易期?
雄都控海蠻，橫嶺限南維。
念子戒長路，秋暑方支離。
直爲王事急，未敢言驅馳。
民憂集眉睫，案牘不已疲?
耿結贈言意，千里應自□。
悄悄掩郊扃，凉蟬夕鳴悲。

翹首望政聲，持以慰相思。

韓參判【聖佑】**挽**【辛卯】

鍾得精剛氣，何曾到老衰？
琴含太古意，松挺大冬姿。
海屋添籌盡，朝堂曳履遲。
千秋直臣傳，原父共名垂。

春興

園花寂寂一鶯鳴，野水瀰瀰雙鷺明。
扶杖溪西春日夕，數村桑柘看煙生。

夕眺

病起有佳興，岸幘倚前楹。
池花晚更鮮，墟落孤煙生。
牛羊各下來，亂蛙無數鳴。
江光忽已暝，野水猶自明。

眷言西隣老，聊同沮、溺耕。

登杏湖亭子

江色槐陰裏，潮聲夕照中。
雙魚鱠白雪，細酌醉春風。
客至休爭席，鷗來不避篷。
欲憑詩寫景，爭奈畫難工？

其二

病起春全晩，江行興自牽。
尋花過酒社，隔柳喚漁船。
鳥沒空雲樹，潮歸淨海天。
葦魚時尙早，佳約月重圓。

聞鶯

薇花寂寂對孤眠，風送流鶯何處邊？
病後衣冠慵不整，尋聲忽到柳陰前。

卽事

雨氣連江生晝霞，卷簾樓閣似仙家。
松篁已喜開三徑，書史要須讀五車。
雛燕毛成初掠水，遊蜂聲鬧競含花。
睡餘閒味無人覺，汲取淸泉手煎茶。

奉謝逋債

江色當高枕，林風滿小欞。
崇朝雨連野，前夜月從星。
有信潮來往，無心竹醉醒。
閒居觀物理，啼鳥隔林聽。

送通信從事李美伯【邦彥】

五月蠻煙迷海國，仙槎此去幾時還？
遙知游子瞻雲意，三百詩中詠《北山》。

其二

船頭出日曉蒼凉，螭陛依俙近耿光。
聞道扶桑繭如甕，歸將五色補衣裳。

其三

漢廷休數陸生才，越橐千金亦陋哉。

海底驪珠明月色，不妨探取滿船迴。

其四

空山積雨閉深齋，匏繫浮生忽自咍。

一日帆風數千里，離魂直到沒雲臺。

姑夫洪尙書【受瀗】挽

吾祖門闌慶，東床喜得公。

相將冰玉質，見許棟樑功。

元祐完名最，中書令福終。

靈光瞻獨巋，孤露賴帡幪。

其二

山立風儀儼，淵停德宇深。

淡中醇酒味，寒後老松心。

淸畏人常識，謙如力不任。

文章亦餘事，三歎有遺音。

其三

世道消長際，危機震撼時。

狂瀾雖已倒，喬岳不曾移。
進退心如血，艱虞髮盡絲。
當今人物論，公有大臣姿。

其四

野渡舟橫久，風濤望渺然。
身閒淸隱几，客至冷無氈。
邱壑存深趣，琴書樂暮年。
自能忘寵辱，豈必待車懸？

其五

槐棘班常逼，鹽梅望竟孤。
時危忍天奪？病甚已人扶。
未起東山臥，空傳洛社圖。
寒花爲誰發？秋圃日荒蕪。

其六

杖屨追陪地，兒童已二毛。
瞻依門傴側，薰挹氣淸高。
每荷提撕切，多慚賞譽叨。
百身人欲贖，私慟倍吾曹。

其七

尙憶床前訣，蒼黃涕泗流。

缶歌方日昃，夢語秖時憂。
箕宿精應返，秋天氣忽收。
山邱不盡慟，那忍過西州？

沁州壽席，次竹泉金丈【鎭圭】韻

倚檻譙樓夕，抽書石室時。
萍蓬幾聚散？蒲柳半凋衰。
北海開賓榻，南山對壽巵。
薄雲明返照，離思更臨歧。

金丈歸後宿洗心齋，追步前韻

客散空啼鳥，幽齋獨臥時。
猶存三宿戀，忽覺二毛衰。
海氣迷歸騎，秋花映別巵。
仙山鰲背近，朝日問前歧。

別海西伯李德哉

千尋喬木拂青雲，海臬宸憂兩世分。

玉節西來驚老吏，黑頭元是舊郞君。

其二

石老祠前秋草深，寒潭明月獨傳心。
煩公千里湖山外，絃誦家家起絶音。

愼侍直【爾憲】挽

生晩猶聞世好敦，故家文彩至今存。
百年寃氣衝星劍，少日高名立雪門。
松桂省中官獨冷，芝蘭身後慶應繁。
傷心素紼隨流水，惟有春風返故園。

李監司【海朝】挽【壬辰】

華國文章代有人，鳳毛重見掌絲綸。
榜中可但推方面？朝右曾聞有直臣。
素幔遙遙隨漢水，甘棠寂寂泣湖民。
雲衢不盡飛騰意，泉路何由贖百身？

其二

金門接武似登龍，寵辱同驚十載中。

天馬悲鳴當峻阪，仙槎快意御長風。
道山瀛閣嗟虛歷，酒壘詩壇覺已空。
臥病江城生百感，欲將脩短問蒼穹。

感懷錄呈韓書狀【重熙】行軒【癸巳】

悲歌憶上統軍亭，漭蕩遼天萬里情。
鴨江依舊朝宗路，忍渡年年幣玉行？

遊杏洲

雨罷月如洗，江空亭欲浮。
微微漁艇火，颯颯老槐秋。
勝集還如夢，孤吟未覺愁。
蘆花風露重，格格少眠鷗。

韓中丞【永祚】挽

吾榜多才俊，三人已九原。
曾驚折軸險，不盡擊波騫。
別久憐同病，時危悵獨存。

蕭條舊臺柏，陳迹默傷魂。

吹笛橋遇樵叟

曲渚秋水淸，平郊雨氣昏。
老翁坐觀漁，古貌頗不群。
帶索且不冠，顚毛白繽紛。
釣臺臨大道，車馬日闐喧。
視之若無人，至樂中自存。
長揖問所居，手指溪西村。
班白古不戴，含哺樂元元。
奈何聖世氓？負薪猶自勤。
捋鬚笑莞爾，瞑目遂無言。
心玄默爲貴，迹賤道則尊。
落日下亭亭，催我不留轅。
歎息咏《招隱》，俗子那易論？

曉聞禮佛

向曉風稍息，山空靈籟靜。
虛室欲生白，衆壑猶含暝。
不寐聽禪誦，鳴鐘又擊磬。

佛燈照青熒，聲聲出雲迥。
忽念同安戒，齋心發深省。

懷舊遊，追驢茂朱洪使君【重衍】

春郭桃花水，名山石室書。
朝霞映官酌，夜火識溪漁。
桑宿魂猶戀，砂營計却疎。
洪厓本仙吏，先我好樓居。

廣陵道中【甲午】

雨後新川生綠波，遙知峽水漲桃花。
去時馬度沙灘淺，歸日舟橫野渡賒。

其二

側側孤帆似滿弓，春洲空闊不禁風。
今宵泊在何江岸？細草飛花處處同。

奉別權令丈【燧】歸連山

蟋蟀鳴我戶，禾稼旣登場。
離索歲云晏，感物起彷徨。
一馬又二童，問公從何方?
銀臺退委蛇，邱原凄露霜。
公惟先子友，磬折延中堂。
亭東一間屋，少小聯書床。
墓木奄成拱，公髮亦蒼浪。
次第問故舊，居然盡凋亡。
撫迹再三歎，孤露中自傷。
出言皆藥石，憂時增激昂。
寒堦菊有華，明日是重陽。
焉得縶公駒? 留連稱羽觴。
薄陰催歸袂，日短意何長?
矯矯孤鶴性，本不謀稻粱。
《蓼蕭》叨式讌，菰蓴憶故鄉。
逝將遂初服，怵惕辭未央。
達士貴知足，君子愼行藏。
鄉隣喜公至，湑酒且炰羊。
去時驄馬嘶，歸日緋衣光。
何以答殊私? 莫謾守東崗。
昨事已成昔，落落復參商。
嚴風百卉零，松柏獨靑蒼。

勗哉歲寒心，德音永不忘。

金臨陂【時澤】挽

金吾傾蓋荷從容，永日談文似叩鐘。
霜鬢簿書長袞袞，夢魂雲樹自重重。
湖天不返孤飛舃，海岸猶存故逕松。
寂寞柳車秋峽暮，簫歌遙寄涕無從。

感吟

嚴風號屋角，缺月在林端。
美人不可見，相思坐夜闌。
惜此歲色暮，掩卷空長嘆。
披衣步中庭，星斗正闌干。

險川行【乙未】

驅馬渡險川，雲日正曈曨。
水深前夜雨，老樹凄以風。
昔時湖西卒，同日化沙蟲。

耕夫得戰骨，棄擲於草中。
嗟嗟鄭觀察，軍敗轉爲功。
蠟書當奏凱，祿位一何崇？
舊鬼獨煩寃，每夜哭青楓。
嵯峨南漢城，遺恥何時終？
擊節歌《下泉》，泉水亦流東。

柳安邊【泰明】挽

通家少小已相親，脫落皮毛摠是眞。
戒切傷生常止酒，情深及老幾分珍？
嶺途巇嶭回孤櫬，天意蒼茫失善人。
陳迹銀臺談笑地，昕班日日默傷神。

贐尹書狀季亨【陽來】

慷慨三千字，如君志槪稀。
《風》、《泉》悲國勢，剝復渺天機。
適越衣冠獨，懷周禮樂非。
壯遊吾不羡，虛踏虜塵歸。

別江界府伯李和卿【相成○丙申】

尙憶江州攬轡還，幾人芳臭百年間？
莫言西塞山川險，危處無如貨色關。

趙子以【尙健】亡嫂挽

子以哭其嫂，返葬之中原。
有書乞挽誄，顧余非能言。
憶昨春臺雨，南荒遠送君。
上堂辭老親，情理詎堪論？
阿嫂善養志，足以娛晨昏。
鰥居有遺稚，平昔荷恩勤。
以玆慰母心，家事猶嫂存。
聽者爲易容，則知梱範尊。
雷雨下九天，悲樂萃一門。
纔還潮海轄，永負滎陽恩。
老人失令婦，憶舊更血痕。
泉塗恨難平，親黨共聲呑。
孰云晝燭微？光輝遍鄰村。
書帷餘粉蔘，沼沚凄蘋蘩。
夙與賢伯好，默傷山陽魂。
至行天必報，餘慶在子孫。

余叔子能晚增氏就鳳嶺北麓，編茅爲屋，有澗壑蕭散之趣，强余作八詠書諸屛。噫！余與叔差池五六歲，某水某邱，俱是童子時所遊，今則相顧老大，鬢髮已蒼然矣。此後悲樂聚散，固不可預期，而白頭隣巷，杖屨過從，回思今日，又是少時事，顧安得不撫迹興歎也耶？賦此歸之，以俟他日對評云

地僻荊扉晝自關，眼明簾外卽三山。
白雲不是無心物，倏忽奇峰變滅間。

【三山白雲】

其二

千樹殷紅早得霜，隔林佳氣識陵崗。
滿山秋色知何似？落日樵歌聲短長。

【五陵紅樹】

其三

蒼茫野色接秋濤，滿地霜華月已高。
沙白水禽驚不定，夜深人影下西皐。

【鳳嶺秋月】

其四

雲陰羃野水漣漪，罷釣歸來雨滿衣。
永夜空沙聲滴瀝，一溪秋意宿鷗知。

【鷄潭夜雨】

其五

黃犢耕餘傍綠莎，村童騎出日西斜。
蘆管一聲山雨細，隔溪煙火有人家。

【西村牧笛】

其六

稻畦水熱汗沾鋤，處處勞歌日未晡。
早晚秋堂鳴蟋蟀，醉來秦缶和嗚嗚。

【南畝農謳】

其七

野氣尋常宿霧濃，天明半逐度溪風。
點點行人與籬落，相看渾是畫圖中。

【菁川宿霧】

其八

廢寺雲蘿一徑深，濺濺石溜破苔陰。
滄浪孺子休相笑，是處淸流却洗心。

【蘿谷鳴泉】

洪大諫【禹瑞】挽

豈我朋儕少？如公才行難。

芝焚徒自歎，琴在爲誰彈？
甎石猶寒士，銘旌故諫官。
生芻人似玉，一慟涕汍瀾。

其二

翰苑如天上，長懷謔浪賢。
少年今白髮，同榜半黃泉。
寵辱疑春夢，存亡閱逝川。
江湖坐寥落，次第檢遺篇。

申學士正甫【靖夏】挽

世間那復得斯人？表裏都無一點塵。
運厄元非闕子厚，詩窮不獨數堯臣。
死生夜晝尋常理，寵辱空雲變滅身。
牢落江湖餘短髮，駏蛩虛失百年親。

其二

天上岧嶢有直廬，阿誰獨立佩瓊琚？
時危仗下無鳴馬，人去江心但舊魚。
華國奇才嗟已矣，修文異事定何如？
讀書未盡猶餘恨，後死那能不愧渠？

韓司諫【永徽】挽

杏苑餘悲又哭公，榮名草草弟兄同。
幾年歷落風波際？半世追遊氣槪中。
期迫飮冰身已病，禍纏埋玉恨何窮？
華軒雪色偏蕭索，櫪上哀嘶舊日驄。

李留守【震壽】挽

淸白傳家一世知，先人舊好幸無違。
閉門苔色公餘靜，滿路棠陰去後思。
拙宦老來金帶重，故都中夜玉棺飛。
十年不盡云亡慟，忍對鴒原涕更垂？

華陽、興巖兩書院御筆揭額，實斯文大慶也。諸公有詩相和，謹步其韻

三復《緇衣》咏歎深，恭惟睿學篤誠欽。
講筵尙想春風坐，賓席如瞻泰岳臨。
長夜卽今回日月，正聲從此破哇淫。
御書永鎭遺祠在，寶氣應同韞玉岑。

卽事

寒燈斜映竹青青，微雪無聲自滿庭。
夜久讀書人不寐，窓前時有鶴來聽。

黃判書【欽】夫人挽【丁酉】

太宰家聲大，夫人梱法成。
教資蓼膽苦，治助蘗冰淸。
壽福仍齊美，悲歡亦飽更。
叩盆翁八十，足慰死生情。

其二

縱失升堂拜，常叨剪髻筵。
毳廚雙作縣，沓酌再廻年。
《魯頌》歌何及？《梁山》涕泫然。
重泉念吾友，寸草恨纏綿。

趙子以大夫人挽

今世渾迷義利關，一言能愧丈夫顔。
是兒戇直眞無忝，凡婦容功摠等閒。

豈必牲廚爲善養? 幸敎蠻海早生還。
春林夜夜烏啼血, 素幔迢遙傍故山。

李相國【濡】夫人挽

恭聞令德叶閨儀, 滿室瑜環福履綏。
鞶帨常持偕老日, 竹兜曾見告歸時。
七旬堪慰歌盆痛, 數歲胡慳合巹期。
東閣樽罍渾似昨, 驚心人事弔相隨。

初夏

綠樹陰濃睡味長, 禽聲依舊繞書床。
百花落盡春如夢, 客至惟聞芍藥香。

徐信川【宗悌】挽【己亥】

東床屈麟趾, 有煥達城門。
屢接談鋒快, 常欣氣槪存。
銅章百里化, 粉字貳公尊。
文雅天倫在, 衰遲獨涕痕。

聞金友必亨擢第，寄詩致意

名者衆所嫉，福者神所忌。
富貴况來逼，事事便足意。
衆賀我獨憂，持盈諒不易。
幸子無忝先，深惟命名義。

金新寧【胤豪】挽

粤我未生時，公已入吾門。
撫頂如昨日，童稚成白紛。
自從移家來，步屧常源源。
不謂衰季際，乃有古人存。
古井湛然清，不受塵所渾。
吾且葆吾眞，勿云城市喧。
恭惟知申公，淸德衆所尊。
近者冰蘗聲，南士有公言。
世美眞不忝，升沈焉足論？
向聞榮省日，驄馬擁文軒。
七月正潦熱，游子見星奔。
世界無圓滿，人事有覆翻。
嶺嘌際天碧，雲樹迷歸魂。
琴書滿床塵，宛有雙趺痕。

我來自郊西，哭公公不聞。
白首賢季在，抱經守邱園。
相對兩垂淚，愴恨復何云?

金參奉【性豪】**挽**【庚子】

家傳淸白又詩書，皓首邱園樂有餘。
空谷無人蘭氣遠，明廷何事禮羅疎?
紛紛梔蠟嗟今世，寂寂瓢簞但故廬。
同巷後生長戀德，遺經欲質更焉如?

看栗翁集

平生夢寐石潭翁，獨抱遺書坐夜中。
一點麤豪使不得，通明灑落有誰同?

其二

忠君憂國鬼神知，至道微言極發揮。
炯炯一心猶似昨，吾非此老與誰歸?

西原府夫人挽

初載舟梁聖主來，高門赫業更雲臺。
極知梱範能宜爾，仍使輿言願幸哉。
身似麻姑窮海變，魂隨傅說作星廻。
也應塵世無餘戀，惟有孫曾泣故梧。

肅宗大王挽

中州天醉久，東顧命吾君。
睿智聰明聖，詩書禮樂文。
鋪舒四紀業，駕軼百王勳。
赫赫尊周義，惟應一治云。

其二

宗社無遺典，乾坤有大經。
更來光日月，發處奮風霆。
精一傳心法，憂勤損夢齡。
於戲入人澤，邦本賴長寧。

其三

羽衛淩霜曉，天時又大冬。
凄雲鎖靈閣，佳氣護鷟峰。

寢廟何年蹕？宮筵去歲鍾。
冥冥九疑葬，蓋有二妃從。

其四

不顯前王德，於昭上帝旁。
少爲香案吏，今隔白雲鄕。
莫報天高大，虛論日短長。
懷忠忍終古？徹地淚千行。

書與麟兒【濟遠小字】

養爾良知，長爾良能。
惟天所與，曷不欽承。
入孝出恭，夜寐夙興。
灑埽唯諾，惕若不勝。
革汝癡惰，去汝浮矜。
忮則不臧，忿斯思懲。
步履安詳，氣貌端凝。
讀書習字，動戒無恒。
毋昵有警，是惟益朋。
門地聲華，非可依憑。
惟敬與謙，百福乃增。
善惡之從，若崩若登。

矧伊聖愚，蒙養是仍。
我言有稽，其永服膺。

元月十四夜【辛丑】

微雪下庭夕，皓色破山昏。
新月上林梢，棲鳥時一喧。
春氣已透土，衆木猶晦根。
此時心境靜，隱几欲無言。

詩謝楓岳彦上人寄元日繇辭，次其韻

吉語憑靈策，仁心驗茁芽。
遙懷楓岳月，萬壑雪爲花。

其二

顯藏元一理，晦處若無芽。
要識天機發，春風樹樹花。

趙子以挽

春臺把手雨紛紛，嶺海猶能不死君。
此別何由復相見？寒天默坐對江雲。

過杏湖亭子

淸秋湖海一高臺，點點漁舟帶鴈廻。
乘興獨來還獨去，夕陽無語下庭槐。

曉臥吟

虛明一氣夜中來，屋角霜風攪夢廻。
村杵隣鷄有底急？天機人事各相催。

月夜呼韻，命兒輩，仍自賦

寒蛩露草自相呼，觸處天機解感吾。
莫怪夜中三四歎，邦憂從古在江湖。

漫吟

白菊天然好，青松獨也貞。
相看無一語，耿耿歲寒情。

光恩君金公【鎭龜】夫人挽

七十事姑能盡孝，山南家法正堪傳。
閨闈早媲名卿德，宮壼常稱命婦賢。
富貴險艱心似一，子孫科甲慶仍綿。
故都牲養夫何戀？墳樹蒼然已廿年。

兪判書【命雄】挽

列卿非不貴，良貴卽吾仁。
萬事逌然笑，天姿徹底眞。
若教人似我，直可薄還淳。
詩禮從兒做，功名任運臻。
世方機巧積，邦奈善良淪？
病裏傷時涕，遙瞻素紼塵。

李大司諫【德英】挽

接武朝端弟及兄，慈良廉素是家聲。
璽書增秩治爲最，原隰勞心疾已嬰。
丹禁纔揮抱弓淚，粉旌虛帶伏蒲榮。
尙懷風雪淮陽夜，燒燭連床說《北征》。

李領府事【濡】挽

三朝位望共崔嵬，福履恩榮邁古來。
陰雨每深憂國念，雲雷不盡救時才。
樞司務靜猶開閤，耆社天臨首命盃。
中夜仰瞻箕尾氣，公歸應慰抱弓哀。

韓僉知【錫】挽

早識玆州有善士，晚從令子叙同庚。
溪山湖海此身世，生長老歸皆太平。
壽域天敎沾祿秩，酒鄕吾不羡公卿。
水迴洞外花明樹，駐馬他時愴古情。

權慶州【煜】挽

少年才調擅三門，家世黃江族父尊。
每喜風稜峨獬豸，同將血淚葬軒轅。
退飛永斷仙鳧影，卷跼空含老驥寃。
嶺樹際天常棣暮，南方恐有未歸魂。

李右尹【世晟】挽

溪相爲兄谷老甥，後生何幸及儀刑？
德惟厖厚堪醫俗，治最循良不近名。
春色空傷京兆柳，天文忽失老人星。
湖鄉桑柘猶餘戀，宅後青山更卜塋。

市街謠

都門日出人如海，噬嗑之象下昭垂。
一生穰穰利字中，得亦何喜失何咨？
偶有一段奇特事，願因俚言達之詩。
侍郎金公纔捐館，聞道昨年觀察咸吉歸。
歸時土宜易隨身，生死何傷持作衣？
臨喪家無一尺新，抱錢貿布來躕踟。

胡不走覓門內塵？答云物貴而力微。
麤細長短未暇論，但願勿失二斂時。
吾輩小人且感激，不論一錢欲周之。
我時家在西門外，聞此擊節增嘆噫。
市井尚能嘉子節，天賦方知均秉彝。
吾聞設官爲民非爲家，胡爲民日瘠而家日肥？
地毛所出都括來，彼民何得保膏脂？
藉令明日選淸吏，今世公議未可知。
下貪或可入，此子難可希。

金侍郎諱相稷字汝時，延興府院君悌男之後，肅廟乙亥別試及第，官漢城府右尹。余作此而歲久不能記，偶於古篋中得之，嗟嘆久之。近聞朝家選廉謹卿宰，諸公各擧數人，而公獨不與焉，吾言果驗矣。重爲感慨，略題其後，斯亦微顯闡幽之義也。乙丑四月甲辰，又書于泉食菴。

陶菴集

卷二

詩

詩

連山過權監司丈舊居【壬寅○有小序逸】

圖書寂寂掩虛關，塞北征夫猶不還。
獨去獨來人不識，門前衰柳舊時顔。

漢江遇風

疾風吹面雪如沙，寒食長安不見花。
行子臨舟莫輕涉，西江波浪浩無涯。

漫興

閒隨竹林行，轉入松陰去。
寂寂一花開，山禽相對語。

鄭從叔水部公在堤峽，寄示《瞻依堂八絶》，曰："是吾內兄趾齋公詩，而堂之名，實遂菴所命而手書之，此間惡可無子語？"不肖少也孤，情事跉竮，與吾叔同耳，今於末記、終鮮之句，爲之三復失涕。顧隔遠松楸，不能以時埽灑，視吾叔何如哉？旣悲而愧且羡也。况舅氏與遂翁已相繼下世，陳迹益可悲也，遂敢敬次而歸之云

月林山四面，幾曲徑如線。
鄭公老其中，此意知者鮮。

其二

白首風樹悲，餘生更疇託？
依歸得梓原，何所無泉石？

其三

展省擬晨昏，孝心長似結。
如令遠斯邱，埽灑徒名節。

其四

仲長田園趣，千秋與共之。
永言桑梓敬，持此保門楣。

其五

翁閒或親耟，婦老猶採蘩。

儉勤神所福，眞樂此中存。

其六

經營此佳城，感激渭陽情。
元來外家養，不忝奉先誠。

其七

頃年哭尙書，前歲失眞儒。
煌煌詩與筆，朝夕對型模。

其八

生計却徒然，榮名渾已矣。
詩禮乃家風，勉旃孫若子。

漫吟

偶畫東臺雪，飜成復卦文。
眼前天地意，窮谷變氤氳。

春祝【癸卯】

鶴髮扶來雪峽深，秖將愉色可娛心。

九疇五福康寧最，忭祝微誠上帝臨。

溪行

沿溪逕轉幽，鸛鶴忽飛去。
寄言爾勿飛，吾亦閒容與。

次龜灣洪叔【禹傳】韻

惻惻呑聲各死生，故人癡坐此時情。
鼎中龍虎身全老，卷裏唐虞眼獨明。
花引幽蹤窺雪峽，月將遙夢度江城。
春來野水連天碧，何處孤舟盡日橫？

漢谷道中

山行內外四十里，深谷左右木蓮花。
行人終日聞香氣，却訝阿檀國裏過。

五月四日吟

時危百憂集，天遠萬山深。
今朝孝宗雨，猶答下民心。

上雪岳山青峰

雪山頂上屬何處？我欲捫天與天語。
白雲無數海中來，咫尺却愁鰲戴去。

次龜灣韻

相思白髮滿頭生，千里詩回更愴情。
無奈盛衰關氣數，只將忠信質神明。
寃氛鬱硉埋龍土，陳迹蒼茫化鶴城。
夢裏欲尋龜浦路，峽雲何處復縱橫？

遣興

道在居無陋，地偏心自賖。
乾坤都是客，山水便爲家。

蔬糲憂何有？詩書味轉加。
鳴泉去不息，端坐撫年華。

漫吟

空山獨夜意何如？一氣淸明萬籟虛。
夢裏不禁流注想，十年多愧讀《鄒書》。

氷灘

氷底灘流意未平，山空夜寂或悲鳴。
幾時渙渙春波動，浴鷺游魚見性情？

和龜灣謫裏見寄

南天離思忽西關，欲往從之塞路艱。
明月長隨孤客至，靑春能伴逐臣還。
老年豪恥方知免，中夜甇憂也未閒。
千里一般回首地，蒼梧綿邈暮雲間。

其二

群陰剝了又陽生，靜裏沈思天地情。
行盡險塗方坦闊，看來暗室自虛明。
百年已信心如鐵，萬事須防意若城。
欲折梅花寄消息，孤懷耿耿到參橫。

敬次仲舅星山謫裏《除夜》韻

他鄉此夜少安眠，嶺樹關雲各杳然。
天理只應徵碩果，且從周甲卜遐年。

春詞【甲辰】

夫曰樂且，麋鹿吾群木石吾居。
婦曰歸歟，深山不可以久諸。
嗟山之深兮樂無央，我田數畝維黍穰穰。
隰有桑，采之猗之。
澗有毛，筐之湘之。
滿腹兮經書，我自悅我之芻豢。
縞衣兮綦巾，爾不願人之文繡。
子能子，婦能婦。
我瑟爾琴，以娛我壽母之心。

苟斯歡之長存，而何地不可安？
婦曰旨哉，夫曰嘉只。
維我與女伊其相樂，　不知老之將至。

人日

萬物最靈我，四時爲首春。
發生均一理，滿腔藹諸仁。
日以參三得，陽從用七新。
沈吟此夕意，愧殺暮年人。

昭陽亭

正月昭陽亭上行，石翁之後敢容評？
遙村煙闊一人去，落日沙寒雙鶴鳴。
山雪江氷更淸絶，天高地逈覺分明。
休言春晩勝春早，眞味方從淡處生。

次洪兄汝和【禹諧】韻

遙聞遼鶴幻前身，應有胡僧辨劫塵。

過鹿閒眠常愛草，遊魚深入不驚綸。
依依某樹麟三紀，寂寂空山又一春。
怊悵門前西逝水，奔流幾日度咸秦？

其二

閒居賦裏尚塵緣，那有雲山百曲泉？
故國音書天與遠，昔人襟韻月孤懸。
折來芝秀供晨膳，含得蔘丸警夜眠。
素髮斑衣增怵惕，永言明訓報三遷。

其三

家居日用義須精，此道如今尚可行。
寡過眞堪師伯玉，析疑誰復共淵明？
山蹊頃刻茅還塞，夜露尋常蘖自生。
聞說邇來忘肉味，定從謨典覓治平。

昭陽亭別李君原明【宜哲】

雲陰垂野草萋萋，滿目江山客意迷。
怊悵昭陽亭上酌，人隨流水各東西。

合江亭觀漲

二江交處此高臺，五月觀濤何壯哉？
且喜紅亭猶聳出，還愁雪岳忽浮來。
千章顚倒何山木？百道砰訇出地雷。
老子眼中難語水，曾看滄海一泓盃。

漫吟

燕居終日水聲間，耳目于今却不聞。
頃刻軒窓窮萬變，白雲如海復如山。

其二

茅簷兀坐欲無言，何事鳴泉百道奔？
觸處天機藏不得，方知寂裏自生喧。

赴懿陵引日，至加平阻雨志感

天意蒼茫臘月雨，行愁躑躅半江氷。
窮谷孤臣無限涕，石坡嶺上望新陵。

其二

幾重雲樹遮雙眼？ 多意鳴泉助一哀。
遙想千官雨中泣，還隨羽衛入蓬萊。

其三

玄天無語本仁慈，世運平陂自一時。
白髮宮僚獨不死，孤忠炯炯秖心知。

春祝

雪峽仍三歲，萱堂又一春。
古稀今忽至，喜極懼還新。
屋筭隣東海，心香對北辰。
斑衣䙡萊子，猶是少年人。

申判書【鉦】挽【乙巳】

幾仞蒼厓對面時，斲餘古柏露霜皮。
氣能履海如平地，魂獨隨春近玉墀。
朝右少年多厭厭，天南老宿自遲遲。
騎箕怳惚人誰見？ 加額群情變涕洟。

春祝【丙午】

寧羞髮白映衣斕？聊共兒孫遶膝歡。
永願嘉筵歌《魯頌》，先從故里賦《斯干》。

其二

化日高堂喜色新，氤氳遍作四時春。
也知老老無他術，要自吾心一箇仁。

李參議【禎翊】挽

升沈休恨鬢霜繁，倚伏要從達識論。
天取彼讒塗斧質，春隨此老入田園。
澧蘭沅芷無人綠，院漏街鐘盡夜奔。
灰劫餘生空涕淚，朝端長者更誰存？

趙忠翼公【泰采】遷葬挽

玉不經灰松未寒，世間蒿目易閒看。
終扶社稷伊誰力？上獻先王只此丹。
氣象好時成就好，死生難處笑談難。
碧波漢水通千里，粉旐猶疑赤舃還。

申判官【思遠】挽

六十兒將九十翁，鯨濤出沒漢挐風。
歸舟一泊猶吾土，也是天監孝子衷。

其二

深墨其容秪一看，餘生涕血共汍瀾。
卽聞棹楔揚頹俗，不復詩人歎《素冠》。

其三

邇來淚盡爲同堂，還羡公亡也不亡。
身後繩繩忠孝種，勿云天意劇蒼茫。

李忠愍公【健命】遷葬挽

知公甘一死，公死國猶存。
土碧三年血，海涵萬古寃。
天心能悔禍，世道欲無言。
松栢明陵路，歸兮楚水魂。

憶淸性上人

浮雲去去無南北，師在何山黃葉多?
追憶前年今夜月，一天凉露滴袈裟。

省仲父歸樂公墓

到夜空山哭，人知孝子來。
誰言攀柏地，白首此生哀?

其二

是墓今無主，薪芻恐不禁。
三周未忍去，寒月照孤心。

送李生【以漸】歸龍岡

白菊天寒猶自花，一杯相屬曉燈斜。
也知爲學無他術，千里行人自討家。

觀兒子盆梅詩，次其韻以砭之

氷雪枯柯外，神噓蓓蕾新。
聖淸將作配，女白儗非倫。
道豫如迎臘，心謙却殿春。
貞元含萬妙，財相本由人。

李忠文公【頤命】遷葬挽【丁未】

王、謝風流燕、許手，如何不際太平期?
臣身縱死邦無隕，上有於昭聖考知。

其二

雨露春深湖外墳，輝煌粉字寫忠文。
遙聞故宅經歸櫬，遺恨悠悠滿水雲。

趙都正【泰果】挽

忠翼公墳草又春，忽聞地下會天倫。
爲言後死淸時見，尙有空山泣血人。

沈僉知【磵】挽

遼鶴歸來萬事非，隔江老宿尚依依。
病餘一草重牢序，早晩乘春款野扉。

其二
攀柏孤魂滯洞陰，臨書涕淚老人心。
遞筒未答哀歌續，耿耿明幽此恨深。

趙利川【斗彬】挽

吾郡長懷趙使君，口碑亦有利人云。
舌存忍作傷時哭？跡屈難消射斗氛。
歲晩玉田猶有種，春寒沙雁獨呼群。
少年詩賦場中面，君已黃泉我白紛。

李監司【濮】挽

少年文雅望崢嶸，曾識淵翁有月評。
丱角猶懷山寺面，早花常愧澗松情。
去時旌節柴門枉，歸日簫笳白馬迎。
可惜龍川一口氣，誰之不若不公卿？

樹下睡猏

庭際葡萄一架陰，紫蔓倒地風輕擧。
古松弱槐枝相樛，炎天赤日不到處。
老猏擇地如有神，終夕深眠不知暑。
幾處長安褦襶子，揮汗炙手來又去？
寄語兒童莫打驚，所貴物物得其所。

秋日

不有卷中人，老眼何由靑？
吟蟬晩益淸，秋草徧空庭。
浮雲自起滅，攲枕且吾亭。

金正言【壽錫】挽

舊時仁里好，壯歲頖宮詩。
吐氣鍾山老，題名諫院卑。
人生有子足，君死爲親悲。
獨鴈天霜晩，雙旌皦日隨。

閔南原【鎭綱】挽

升沈一宦鬢皤如，長者襟懷自蕩疏。
趾舅在時稱善士，尤翁禍日是司書。
問生窮峽情緘數，同事喬山血淚餘。
不見廣寒歸後面，湖雲渺渺送靈車。

洪生【禹著】挽

尺疏斯文重，三年北塞歸。
氷淸與弦直，宜爾死寒饑。

其二

歷歷龍仁道，同行到白頭。
邱原下霜露，淸漢去悠悠。

李文學【瑋】挽

邇來政績古循良，少日聲名翰墨場。
秖得丹旌寫文學，空令白髮哭爺孃。
朝榮夕悴神何意？蠖屈龍攄理則常。
惆悵農翁講書地，江空草露滿寒螿。

徐監察【行遠】挽

骨肉猶睽異，人情有盛衰。
而公不貳志，自我未生時。
薄宦桑榆晚，孤形浩劫悲。
排閶日迴照，藉手見先師。

其二

七月廣陵別，班荊仍劈瓜。
誰傳不起疾？但道好還家。
歧路言何盡？衰情涕自斜。
子孫應世講，莫恨九泉遐。

李副正【志逵】挽

太學寃魂三月雪，倉官義氣數行文。
貞松寒後方知勁，良玉灰中自不焚。
篤好老年尤可愛，卷懷淸致更誰群？
深慚託子叮嚀意，後死無聞但白紛。

遊扶旺寺

蕭寺重來十載餘，居僧怪我鬢毛疏。
浮雲百起復百滅，惟有青山青自如。

別洪生雲紀【章漢】

歲晏北風寒，征衫霜霰集。
聞君賦《斯干》，沃田歲有入。
況有妻兒樂，良慰去京邑。
丈夫負志氣，豈肯如維縶？
俛首且下帷，深造在時習。
壯年不我留，窮廬悲何及？
尙念大碩人，赤心冀成立。

宋同知【奎賢】挽

河南門戶漢循良，上黨青山生死鄕。
枕上光陰惟藥餌，夢中天地幾滄桑？
有孫何用悲埋玉？偕老終須會若堂。
藉草春郊疑昨日，餘生白髮已如霜。

春祝【戊申】

天地之心一箇仁，發爲大千界中春。
地底一陽而二陽，坐看淑氣轉洪勻。
我心惝怳喜與懼，堂上老人鬢如銀。
有子不能娛心意，四十五十長吟呻。
半生讀書知何用？《小學》篇中愧《敬身》。
願天下鑑一腔赤，日月爲我無趑趑。
歲歲上堂歌《魯頌》，北有萱兮南有春。
上願吾王推達孝，制節謹度和民人。
下令蔀屋與朱門，老者肉帛歡顏均。

任判官【適】挽

天姿敏達合時須，少日詞華卽技餘。
相視喬山雪裏涕，纔傳塞府夏中書。
高堂夕照魂猶結，小築淸風計亦虛。
不食由來兒必做，且留衰眼覘于閭。

贈蒼玉屛主人釣竿

篧篧園東竹，溪流幾尺高？

沈吟玉屛趣，豈必我身操？

李生【德遂】挽【庚戌】

七日陽來君不還，淸羸長憶別時顔。
游魂定向書齋去，人在驪江獨掩關。

其二

映雪孤燈坐夜深，耳邊金石有餘音。
靑山死骨知無數，那忍埋君好學心？

除夜

茫然五十一周星，霜雪邱原獨抱經。
孤露卽今誰爲孝？此生猶恐負《西銘》。

李統制使【載恒】挽【辛亥】

列郡何曾一士聞？忠肝萬里徹西雲。
于今定遠非投筆？在昔荊州獨癖文。
世難鼓鼙明主聽，家亨書劍衆兒分。

舊時帳下千夫涕，遙望白江江上墳。

拜尤菴先生墓

寂寂空山百花，堂堂正氣何處?
我來不聞一言，天高海闊延佇。

拜圃隱先生祠

我拜圃翁廟，庭空青草迷。
開門赤日出，徹曉子規啼。

拜靜菴先生祠

不覩先生貌，須知天地心。
可憐手種樹，上竦下無陰。

魚龍仁【史周】挽

草沒溪南數尺碑，白頭還共野黎悲。

秋來欲向龍門住，耆舊風流更有誰？

仁祖大王遷葬挽

於昭陟降日監臨，沒世懷恩下土心。
須識再昌功過漢，未聞千乘孝如參。
乾坤偶值明夷象，今古同傷《采薇》吟。
尙冀帝庭新命固，傳來精一聖孫欽。

其二

松柏喬山霜露滋，吾王孝思動神祇。
慮深非爲防崩雨，宅吉何殊洛協龜？
丹鼎依依龍馭返，白雲望望帝鄕遲。
舊臣不在餘孫子，猶復愀然若見之。

仁烈王后遷葬挽

十亂婦猶一，三才坤與參。
於皇我聖后，匹美古《周南》。
求劍增鴻烈，觀舟惕燕談。
歡從長樂洽，恩與八方涵。
厭世腥氛迫，環東涕血含。

欄花春渺渺，陵柏老毿毿。
玄隧神應護，重宸寢不甘。
胡天示災怪？非我眩輿堪。
福地慳千祀，良辰儼六驂。
蓐收淸御路，富媪出祥嵐。
露泣揚新茀，香凄啓舊函。
追思如喪妣，餘慶願多男。
制已移岡設，封仍倣廟龕。
畫摹臣曷敢？握管但懷慚。

鄭僉知【湜】挽

世間殊少讀書人，一覯冲儀意便親。
朱墨浮沈非俗相，溪山瀟灑可閒身。
文淸遺業徒餘壁，孝理新恩更綰銀。
風雨重陽來故里，向年傾蓋隔如晨。

同諸君泛菊，侑以陶詩，仍和其韻

吾廬孰云幽？讀書聲頗喧。
暇日屐錯然，黃花戶北偏。
秋色何蒼然？擧目盡寒山。

臨觴共長嘆，淳風何當還？
柴桑有遺音，是子可與言。

其二

盛酒老瓦盆，登盤粲金英。
文質頗相宜，欣然君子情。
一觴便流通，四座弁無傾。
黃葉徧空山，霜鴈時一鳴。
忽有寒梅至，且復候陽生。

盆菊

風雨滿哀壑，孤芳不受寒。
移家辱相近，自有臭如蘭。【謝菊】

其二

偶值歲寒後，幸升君子堂。
苦心元自在，不是避風霜。【菊答】

十月二日夜，宿島坪村，曉起有感而作

明陵拱木杳秋煙，星漢昭垂夜夜天。

簪筆舊臣猶不死，白頭窮谷夢花甎。

其二

一宿桃源意杳茫，雲山幾曲水流長。
惟有丹心銷不得，悲歌中夜憶先王。

尹成甫【鳳韶】挽

我昔求友早，君家伯仲良。
仲兮我同庚，君則二歲强。
曰汝於我館，吾母供中堂。
維時各少壯，頡頏翰墨場。
君爲漢、魏詩，調格不可當。
譬彼九皐鶴，雙鳴聲遠颺。
志氣一何壯？其樂諒無央。
邇來四十齡，回顧意茫茫。
一別兵戈際，遂成參與商。
鮮民不如死，廓然過琴祥。
書來每自疚，崖蜜見中腸。
八月喬山道，哭君漢水陽。
立馬望脩門，掩抑涕盈裳。
聞君有遠行，我時病在床。
古人白馬奔，此道已全亡。

飛沈及脩短，寘之勿復詳。
有子萬事足，不見吾家剛？
豈我友朋少？于今盡凋傷。
温温君子心，寤寐不敢忘。
悲吟坐中夜，邱原凄雪霜。
不知崖海客，白髮幾許長？
未死或相見，安得君在傍？

漫吟

永懷無極子，坐歎坤、復間。
寒梅意欲動，斟酌一陽還。

詠梅

莫小盆中土，能先天下春。
秪應氷雪底，千樹盡精神。

尹都正【泓】挽【壬子】

白頭孤憤氣如山，禍福誰人透此關？

今古堂堂三節祖，也應歸拜不慙顏。

謝大卿【庶再從弟紘】送藤杖

老去無餘興，春深不出關。
慇懃桃竹杖，扶我上青山。

恩歸亭小集

亭空誰主客？境寂是山林。
沙白一何逈？江淸還不深。
異鄕花樹樂，衰世渭陽心。
野外多饑色，停觴悄獨吟。

趙持平【正純】挽

亂後逢迎血涕橫，邱原相望老年情。
君歸泉下猶生氣，仗馬于今不復聲。

李南平【顯應】挽

聞說南平縣，新喪賢使君。
五月靈車還，百里哭聲聞。
老我久憒俗，違道徒紛紛。
愚神不可欺，誠僞自玆分。
嗚呼先相國，憂民意甚勤。
此意君不失，救之猶溺焚。
縱孤韋平業，且與召杜群。
挽歌採風謠，遙寄廣陵雲。

哭安直長【重謙】

短褐衝寒訪弊廬，名山藏副意何如？
白頭孤坐蟬聲裏，淚滿《中庸》一卷書。

次鄭厚卿韻

麋性安野草，鳥心駭門鼓。
云胡市朝間，深坐類圜戶？
天怒未敢豫，旅瑣肯言苦？
時節已重陽，悄悄對凉雨。

有懷谷口隱，婆娑二松樹。

姜君長文【奎煥】挽

君初二十時，見我以書贄。
滔滔筆端舌，未語已心異。
通亭後多賢，詞翰乃家事。
君又稱酷似，學問知有自。
餘力涉九流，蓋非拘儒類。
實以三世好，繾綣不我棄。
揚袂說理氣，馳牘辨仁智。
往往造深微，寡陋竊自愧。
忽騎從事馬，旋持寢園祓。
沈縣漳濱憂，無乃書爲祟。
一死無早晚，朝聞自不易。
不見三四載，未敢測所至。
白髮臥窮谷，吾黨日凋悴。
煌煌三秀草，沈歎傷爾志。
深深漣州土，望望白雲淚。
崦嵫日色凄，破屋無簞食。
病間一往哭，未往先酸鼻。

十一月九日夜，夢海昌都尉，曉起口占，錄奉伯玉行人【瑗】

白頭窮谷寡相親，夢裏時時見故人。
料得重泉惟疾念，遼天渺渺逐征輪。
【《論語》孟武伯章註宜熟玩，這箇道理，恐無間於存沒矣。如何如何？】

次兒子立春韻【癸丑】

春來如有約，老去一無能。
自覺慙幽獨，何論樂遠朋？
良心隨茁物，宿習解纏藤。
天地饒和氣，治平庶可徵。

金正言【壽鏶】挽

十載哭君兄弟淚，此生於世却支離。
一般諫職丹旌字，依舊慈顔白髮悲。
郵縣縱微成反哺，泉壚無隔續吹篪。
遙知雪裏新墳小，猶自臨風想雅儀。

金安岳【昌說】挽

郡紱棲遲四十春，相門餘業尙淸貧。
經來浩劫疑前我，歸去重泉盡故親。
連袂嘗遊陽谷宅，升堂憶拜大夫人。
獨憐後死支離甚，能見顚萌發茁新。

鄭英陽【墀】挽

一第當時若易然，窮通只可聽蒼天。
故人袞袞靑雲上，小邑栖栖白髮年。
嶺嶠書回千里雁，山齋楊下滿林蟬。
松楸聞說相隣近，臥疾徒傷負漬綿。

柳都事【壽觀】挽

萬竿脩竹拂雲天，滿架琴書偃仰邊。
薄宦向來聊偶爾，故園歸去便超然。
江郊軟話消長日，湖海相思隔暮年。
千里赴書何處至？白頭癡坐淚如泉。

韓佐郎【配斗】挽

破屋蕭條日在山，知君死淚不曾乾。
可憐幾歲嬰微祿，虛作安陽一喜顏。

寄吳左尹【重周】

八十陽山老，猶堪矍鑠稱。
春生處士柳，雪灑灞亭鷹。
薄糶充飢足，殘書禦睡能。
漢時皇甫傳，休退見何曾？

春事

頭白詩書裏，身依桑梓邊。
山深子規晝，村暖杏花天。
有興聊孤往，無思且穩眠。
濛濛時雨下，與物共欣然。

曉吟

睡美不知曙，微聞時雨聲。
融神入無極，此樂便韶英。

時雨

盲風彌日，人氣不舒。
時雨沛然，人氣乃蘇。
一氣交感，如吸如噓。
勿謂高高，天不違余。

閒行

深谷何逶迤？終日行復行。
雉鷩時一飛，虎跡頗縱橫。
偃松有古意，林花空自明。
勿云吾廬淺，聊可適性情。

北林閒步

花開不見人，山禽相與語。

有興偶然來，興盡還歸去。

其二

日日無事遊，長松與爲友。
藥草滿途生，一嘗香在口。

其三

童稚好升木，時驚鼯鼠遊。
折來花在手，白髮似相羞。

其四

有風閉門坐，無風携杖行。
人生聊復爾，心裏復何營？

其五

亭午樹梢靜，歸來風滿衣。
山禽稍相熟，笑語不驚飛。【右一首和心源】

和大心【從弟維】

花氣生林壑，雲嵐出戶庭。
擧頭還獨笑，身世入丹靑。

偶吟

樹杪聞人語，花陰散馬蹄。
春風吹夢去，先到雪溪西。

獨坐

淨欲焚香坐，閒惟隱几吟。
雨中春酒綠，花裏草堂深。
歲月靈芝歎，乾坤古柏心。
白頭誰與友？黃鳥有嘉音。

三月晦日

青春去我堂堂，白髮看山悄悄。
松下婆娑幾人？花間睍睆雙鳥。

其二

巖花自開還落，谷鳥誰教爾鳴？
邂逅淸風一至，空山獨坐無情。

金參判【雲澤】改葬夫人合窆挽

君家一何盛？矯矯荀氏龍。
嘗聞竹翁言，君有儒素風。
立朝頗謇諤，持己常謙恭。
嗚呼壬寅事，欲語摧心胸。
蘭何生門側？玉不污火中。
君時無一言，大哭向蒼穹。
宗國可奈何？臣敢惜微躬？
鬼神爲悲泣，白日照赤衷。
惟君瑞石祖，蔚有保社功。
群孽謂可讎，一門罹鞠凶。
人事幾飜覆？天運有閉通。
寘之勿復論，後世自至公。
哀哉崩城婦，淚徹泉重重。
淚盡命亦盡，今日下相從。
緬憶沈氏宅，鄰近吾方童。
君騎白馬來，玉雪少年容。
鳴鴈何雝雝？百兩搖玲瓏。
轉眄五十年，世故莽無窮。
後死生百酸，衰矣已成翁。
緘詞與諸孤，寄淚灑堂封。

尹水原【涉】挽

近接隋城土，深知父老悲。
吾飢幸不死，公去遂無歸。
望望甘霖遠，青青野麥垂。
往來書尺在，回首淚盈衣。

其二

高閣槐陰裏，輪蹄雜沓來。
自從郎署日，見許廟堂材。
尺疏孤忠鬱，脩塗大翼摧。
素聞張仲友，重爲二難哀。

杜鵑來叫庭槐

五月風露滿槐林，黃昏子規啼更深。
青山何處無高樹？似識孤臣再拜心。

雨坐川上

雨裏一壺酒，出門觀漲川。
冠童聊偶爾，魚鳥亦欣然。

多愧揮鋤汗，休爲枕卷眠。
不辭衣盡濕，甘澤荷皇天。

兪參判【崇】夫人挽

近聞樛木化，先及大夫家。
梱內都無怨，心中一箇和。
含飴已可樂，扣缶不須嗟。
秖有親姻淚，尋常慕德多。

李進士【命采】挽

爾我同自出，爾婦我自出。
念爾內外舅，見爾涕屢出。

其二

爾質雖淸羸，爾性頗剛決。
謂爾立揚早，不曾憂短折。

其三

爾翁雖失爾，爾季有存者。
吾妹有一女，胡忍女又寡？

其四

爾嘗悲汝剛，爾死無自悲。
那將八九歲，易得二男兒？

其五

樹木豈無死？遺種便長存。
勿云出地小，頃刻拂雲繁。

其六

聞爾憫吾衰，向翁求胡麻。
誰謂吾不死，哭爾涕橫斜？

趙參判【彦臣】挽

時危一馬赴清州，血泣蒼黃甚裒求。
衮衮諸公頭盡黑，忠勞誰復與君儔？

其二

牛頭秀色接麟蹄，或棹孤舟或杖藜。
旅寓追遊猶一樂，至今雲水夢魂迷。

其三

歲暮邱原白髮斜，故人死孝愧如何？

九泉倘復逢吾弟，式穀猶應羨子多。

李副學【秉泰】挽

吁嗟近歲閴朝陽，空使南人識鳳章。
河濁詎容膠寸力？苦心要不愧穹蒼。

其二

願識荊州每恨遲，春郊邂逅又相違。
此人此世何由得？早晚青山一哭歸。

八月十日，發寒泉，向楓、雪諸山，途中口號

出門已佳興，滿眼盡雲山。
寄言籬下菊，且待主翁還。

沿道禾穀甚茂喜賦

物物天地內，目擊道斯存。
苟得山水趣，其樂詎可言？
塵淸且歲熟，是行亦君恩。

利川道中

余馬忽東首，瞻雲思浩然。
野陰微逗雨，山意曖生煙。
幾日觀滄海？今宵宿利川。
此心猶俗累，一洗似秋天。

示大心

未到靈區樂有餘，靈區既到興何如？
此去登山觀海罷，與君堅坐讀《鄒書》。

其二

光陰忽已近三餘，馬迹栖栖焉所如？
山水中含仁智意，也應勝讀十年書。

老木

老柯中斷出横枝，雨露無偏自四時。
寂寞好音惟鵲至，崚嶒古意少人知。

原營感舊

塵緣難撥棄，玆役費經營。
白髮心猶少，青山面不生。
時逢某邱勝，願作一廛氓。
況是桐鄉土，仍懷舊政聲。

過伴鷗亭舊址

勝地今誰主？吾宗舊有公。
勿云分泒別，猶喜出門同。
老木煙沙際，孤村夕照中。
鷗波空浩蕩，獨立意無窮。

其二

感激宗人淚，如經峴首來。
華堂草屨滿，春日綺筵開。
往迹如斯水，空臺復此盃。
淸風聞割袖，殘裔益堪哀。

嘲大心衣羽衣

問爾何年鍊道成？雲間裊娜羽衣輕。
忽看平地化仙子，不羨古人爲佛兄。
昏眼却疑騎白鹿，醒心還似聽瑤笙。
且煩老爪搔塵背，坐說蓬萊水淺淸。

【大心騎白驢行，畏虎繫鐵鈴於馬尾，南冥謂鈴爲醒心子云。】

秋夕

日斜鷄犬鬧荊扉，知道家家上塚歸。
大野凄凄霜露白，征人何事獨霑衣？

偶吟

八月風高爽客襟，草間終日候蟲吟。
秋來霜露還爲敎，百穀田田摠實心。

感懷

意氣相傾涕笑間，江山誰作主賓看？

十年事往無人識，惟有苔碑記姓韓。

渡圓通江望寒溪

邇來移宅近青山，意欲携書老此間。
東海仙人應笑我，十年贏得鬢霜還。

嵐橋路中

船回水驛小，馬入洞天幽。
古木不知歲，寒花無數秋。
赤城雲渺渺，瀛海思悠悠。
未學金丹術，重來已白頭。

洛山觀日出

坐待東方出，沈思羲仲前。
陽來開有眹，聖作覩爭先。
一破鴻濛地，疇違咫尺天？
茫茫依附際，目盡是爲邊。

其二

世界開長夜，天心憫衆盲。
昇雲還作暈，傍海乃騰明。
輪轉無時息，光新逐日生。
扶桑繫余馬，不待御風輕。

海山亭

城北名亭勢不孤，放開滄海散爲湖。
浸却金剛山一面，倚欄人似坐虛無。

其二

海上千峰玉立高，雲霞朝夕似崩濤。
此中合着空中閣，鞭駕風霆也是豪。

其三

靈區雲物幻空靑，錯落波中幾點星。
華人但有金剛願，不識吾東有此亭。

海金剛

住在山中足，浮來海上何？

須知萬千數，秖是一拳多。

其二

昔從高處望，山勢似奔濤。
今來海中見，造化有遺糟。

七星石

雲河曙光動，北斗低復昂。
俄驚自天隕，宛在水中央。

三日浦

世外逃名何用書？磨丹鑱碧術全疏。
苟於山水窮眞趣，一日猶應千歲如。

發向楓岳外山

馬入雲霓明滅中，滄波背指七星東。
此生隨遇且爲樂，莫說今晴明日風。

新溪寺

傍海千峰秀，穿松一逕賒。
何年爲佛寺？此地似仙家。
雨壑龍吟壯，霜空鴈字斜。
欲知吾臥處，遙見赤城霞。

玉流洞

洗出芙蓉色，鋪來白玉流。
天公十日雨，爲我壯心眸。

其二
欲問九龍居，只在山廻處。
人生貴知足，惆悵還歸去。

佛頂臺

誰令巧彫斲，羅立此奇峰？
突過如來頂，翱翔北斗中。
巖明瀑幾曲，霜赤樹千重。
內岳惟天一，雄觀與爾同。

雁門嶺

四邊風栝晝常昏，列岫連天有一門。
從此內山眞面目，一時羅立似兒孫。

眞佛菴

無語相看丈六身，石形如佛佛如人。
弗人是佛人非石，那得虛中更有眞？

上毗盧峰

絶頂風多不產松，眼前顚倒大千峰。
入山深坐形如佛，傍海高騰勢若龍。
石累一拳窮化迹，波傾萬斛盪塵胸。
中天卓立何曾遠？才竭人人任所從。

其二

身隨雲意遠，眼與日光新。
地厚能容物，天高却近人。
登山誰小魯？蹈海獨羞秦。
提掇吾心去，要無一點塵。

其三

海山萬里倚天晴，蕭瑟秋煙幾點横。
四海腥塵那得汚？玆山自有衆香城。

其四

秋日悲歌憶紫陽，古來天意劇蒼茫。
南嶽、泰山同一樂，栖栖吾道亦何傷？

其五

維嶽臨東海，吾邦共汝瞻。
莫學詩人語，閒將雪較鹽。

其六

脚倦還思睡，憑虛枕古巖。
天晴碧海闊，斜日數歸帆。

天一臺

返照明深壑，千山拱一臺。
辛勤脚踏處，談笑眼收來。
十日雨頻作，連宵雲忽開。
若非天借便，虛作一遭回。

見諸大師眞

魁梧氣象七分間，枯死如何不出山？
可憐直坐高明過，錯道前生了事還。

望松蘿菴

歲暮王孫胡不歸？長松爲屋碧蘿衣。
我來弔古青山裏，悵望鷄林黃葉飛。

地藏菴逢訥上人

不憚尋孤寺，猶欣見訥師。
浮雲無定住，此地豈同期？
聽法花如墜，看山席屢移。
禪門但空寂，何故復爲詩？

出山

君惟喜山水，吾亦厭塵紛。
早晩携書至，從容一榻雲。

其二

少年不曉事，容易語名山。
二十年前客，白頭今始還。

龍山村

淸曠龍山土，淳厖太古民。
雲林吾可隱，板屋汝爲隣。
碧海秪三舍，雪山如故人。
長吟《白駒》什，還欲訪沈淪。

上道新舍

自非經濟手，常有遂初心。
滄海君將隱，靑山我復尋。
三神聚精氣，一屋面晴林。
何日落成酒，聊同野老斟？

望雪嶽

語大元無敵，窮高詎可重？

試於平地見，邱垤亦爲峰。

李僉知【綖】挽

近世多循吏，今人少好孫。
況玆栗翁後，能守石潭村。
天予無求爵，家承有受言。
他年訪文獻，耆德復誰存？

鄭老【纘昌】挽

三月衡門芳草生，丈人來告白雲行。
豈知仙界還墳土？方恨吾鄕失老成。
耿介自非塵俗相，詩書誰託故家聲？
別時杯酌空如昨，素髮寒花獨坐情。

哭李生【志賢】

洛下朋來忽告凶，推床涕淚自沾胸。
人言未見三年齒，我憶曾書九箇容。
松本後凋期實遠，苗多不秀問何從？

異時寢哭應煩爾，胡使長號繞斧封？

南監司【道揆】夫人挽

清風溪上幾尋春？池閣龍門一愴神。
白首還嘗剪髻酒，閨中應識舊遊賓。

其二

晝燭空閨十載悲，重泉暾日是前期。
死生謝氏青山宅，今古張林婦德碑。

徐會之【慶普】聞余將盡室入麟洲舊居，持酒來別。余實有志而未也，旣笑且愧，詩以謝之

積雪空山裏，青燈悄獨吟。
壺樽百花氣，天地一陽心。
愧我宜深入，令君費遠尋。
相規無別語，莫貴滿籯金。

陶菴集

卷三

詩

詩

立春【甲寅】

歲月日時俱得寅，人而可以獨違仁？
須信賦生天厚我，靈臺自有四時春。

其二

四運無端集夏時，恭將一治祝宸慈。
上穹自有無言妙，斗柄旋來人不知。

其三

五十人生似醉迷，窮廬素髮意悽悽。
汝曹勉勉同爲善，起自今年第一鷄。

次贈金道叔【就徵】

春鳴還自代秋吟，物物眞如競分陰。
四十男兒也不小，莫教虛負最靈心。

其二

天時人事獨沈吟，一氣非陽便是陰。
爲己爲人誰識得？難欺先有自家心。

上元

節氣無端自南北，月輪隨地却高低。
老農占驗還多事，俟命修身理卽齊。

二月十九日，早起作

點滴通宵雨，安舒勢好哉。
衆心醺似酒，百蟄聽如雷。
妙入無聲處，功由不息來。
讀書新意味，霽色滿池臺。

哭姜生【演】次其臨絕韻

高棲太白谷，舊德晉陽門。
隨身《小學》在，歸去不慚魂。

其二

生死無窮恨，何由更及門？
他人好收骨，老子獨傷魂。

其三

面上他鄉草，天邊望子門。
題詩與老阮，恐有未招魂。

暮春復遊斜川，拈淵明《飮酒》詩，分韻各賦

昊天及爾遊，出門欲何之？
熙熙坐陽春，如見太古時。
斜川晝夜流，余懷實在玆。
人道貴不息，努力勿復疑。
野外一尊酒，年年且同持。

湖峽過路，題伏龜亭【亭在木川，有尤翁筆。】

老木有古意，淸川流不停。
秋陽無限思，獨上伏龜亭。

飛來菴，敬次同春先生韻

輕陰遲野日，冷溜響風臺。
坐歎書邊蠹，行憐屐處苔。
高天惟見斗，百蟄未聞雷。
咫尺有玆境，云胡不上來？

過華江 李徵君【頤根】舊亭

寂寂華江北，孤亭思殺人。
遠沙空自白，老樹爲誰春？
睡犬驚歸棹，鳴禽怪幅巾。
凝塵趺坐地，不見若相親。

登滄邱

冲庵不可見，此地使心悽。
冥冥雲水合，時有子規啼。

其二

浩浩大江流，公歸神獨留。
窪樽不可飮，惆悵倚高邱。【右次冲庵韻】

馬上口號，次宋君晦可【明欽】韻以別

偶得《玄繩錄》，如同李、郭舟。
還勝十年讀，枉作一旬遊。
虛樂終無益，眞功死乃休。
皓天寧不復？垂老漫懷憂。

臥疾和朴士洙【聖源】

意與頹齡下，閒仍嬾性成。
泉溝雨乍集，野草燒還萌。
罷睡朝曦白，盈襟夜氣淸。
秋風忽復至，倚枕聽蟬鳴。

七月六日，夢起書感

慈顏一隔幾星【疑躔】，枕膝攀裾却宛然。
頭白至今迷所愼，惟憂應復及重泉。

七月八日，夢拜丈巖相公，劇談竟夜，覺而作

丈翁相對類癯仙，談論依然未病年。

斯世難逢一場快，覺來林木滿淸蟬。

洪外兄成伯【禹集】室內挽

吶吶重厚容，吾猶及壺翁。
夫人鍾厥美，所行唯敬恭。
嘗聞吾姑敎，是有故家風。

其二

吾兄眞傲吏，骯髒風塵裏。
白首縣如斗，孤露誰爲喜？
婦子亦不待，人生恨何已？

其三

鬱鬱湘山水，歸從樂哉斯。
嶺土淸而曠，魂氣無不之。
早晩《歸來》賦，惻愴《鷄鳴》詩。

立春口占【乙卯】

春生大寒後，酒好半酣時。
相勉無他語，消融一箇私。

喜李君建伯【胤績】步尋其遠祖墳山，澆酒而歸

十世雖遙見則憐，山空雪裏斷趷然。
珍重歲時墳上酒，良心從此達如泉。

上元

出洞邀明月，登堂誦國風。
來年上元夕，又復幾人同?

松林閒步

松梢俯幽寺，捫蝨老僧孤。
忽聞野鶴唳，歸思在江湖。

拜二先生書院致膰，與諸生坐松林下，同醉作

圃隱闢佛氏，吾道乃復東。
豈徒王氏臣? 實惟紫陽忠。
蒼生胡無福? 天不佑靜翁。
惟有千載心，白日當天中。

吾鄕亦何幸？南北儼靈宮。
二月祀事成，執膰愧微躬。
得此詎敢私？神其啓群蒙。
萬物得時雨，天地方和風。
此理無今古，犁然如感通。
豈我無醇酒？心醉諒難窮。

金生【重九】挽

一見臨湍老，心知忠信人。
緇帷能愛士，蔀屋獨憂民。
掌上璿璣轉，胸中井地均。
緖餘徵令抱，垂涕惜沈淪。

對酌松陰，和士洙

偶將觴詠對春風，松色高低一畝宮。
暇日優遊良亦樂，書簷已覺午陰空。

大心松巢偶成

林澗簷籬盡是松，世間何類不相從？

人生與汝同孤直，且取其心莫取容。

其二

滿目靑靑寒後松，心期舍爾更安從?
笑君庭畔三叢樹，强作長安富貴容。

吉趙二生過【冶隱、重峯之孫】

金烏遙接沃州山，悵望南天星斗寒。
今日相逢兩家子，懦夫猶覺激心肝。

三月三日松間吟

春陰漠漠欲生霞，三月空山不見花。
洛下踏靑如夢裏，萬松深處一筇斜。

問士洙

身上仲由袍，知君恥不恥。
不恥言非難，中心定何似?

和士洙

透得此關頭，爾心始無歉。
察時愼毫釐，斷處快一劒。

聞諸生上山有吟

柴扉孤掩落花風，病起春光一半空。
却笑諸君欺我老，讀書聲在萬松中。

訪德峰吳左尹不遇

碧桃花落古堂前，竹杖楸枰共寂然。
聞道將軍海獵去，豪鷹獨坐望雲天。

醫人張敬賢爲見兩孫痘患，一月再至，其歸口呼以贈

重來已是信爲基，危處方知着手奇。
何限世間慈弱義？白頭吾甚愧良醫。

聞黃學士子直【梓】充義州軍有懷

聖朝兵不用，乘障亦迂儒。
應知禁中牧，起自北邊徒。

其二

海色迷孤戍，蟬聲滿故林。
君親俱未報，堅坐讀書心。

南監役【道振】挽

楓溪舊面幾桑滄，一笑龍門白髮長。
鳴澗欲寒炊黍竈，崩崖或近讀書床。
名窩妙義無由問，盡室高風不可忘。
汙濁世中那住得？秋天寥廓去揚揚。

哭黃生汝雨【有龍】

士心貴貞介，未可以貌觀。
君如水中石，瑩然色淸寒。
敦行固不易，處貧良亦難。
紛旣有此美，窮達顧何關？

煌煌三秀草，爲爾發長嘆。
常時首邱思，返骨心乃安。
有女啼在室，收聚舊書還。
一紙橫渠語，塵滿誰人看?
朝窓坐點檢，生者獨慙顔。
墳菴落葉赤，忍過讀書山?

別李衡老【天柱】

梅花未發已君還，凍雪寒雲無限山。
近誦《周南》、《召南》未? 去時和氣滿容顔。

憶衡老

枕畔數枝梅，故人歸後開。
朝朝窓影裏，如見抱書來。

盆梅

枯木忽生意，玄冬花近床。
宵燈微作影，曉枕默聞香。

人力那回暖？天心又見陽。
攀援欲有贈，予美在西方。

除夕口號

一盞屠蘇滿座春，元來四海弟兄均。
極知此道人同得，我願朝聞爾日新。

其二

宿習因循事事然，長言來日與來年。
却驚來日來年是，到得來年莫似前。

立春【丙辰】

皓首無聞愧此身，窮廬猶自閔斯民。
我願君心何所似？斗杓一轉天下春。

豆溪小集口占

叔氏茅簷外，溪淸岳色新。
澗毛寧我祖，道杕喜佳賓。

梅柳經人日，蓬桑又丙辰。
他時耆社酒，同醉逸亭春。

上獨樂亭

新春草色動，野闊大江流。
平生同樂意，獨立更千憂。

吳左尹【重周】挽

自失德峰老，難逢好丈夫。
情驩莫論齒，身退詎殊途？
不見瀕陽起，誰爲湖上圖？
門前空柳色，鷹去杳雲衢。

溪上駐馬望吳左尹舊居感而作

歎息前年死好人，那堪舊宅又新春？
平原弱草依殘雪，摠是將軍獵後塵。

哭柳修撰益輝【謙明】

孤坐空山白髮疎，泉臺直氣幾時蘇？
朱文一部須還我，今世無人讀此書。

過宿李君習之【瀗】茅齋留題

不見其人，但見其居。
果木方列，川原紆餘。
童子應門，進退安徐。
知爾教之，《小學》之書。
篤實懇惻，方是爲己。
不緩不急，至死乃已。
朝與朋友，痛說及此。
欲以語君，君不在矣。

酬成進士仲章【爾漢】

《大學》工夫首致知，自餘家國以玆推。
世人都失本源地，天下空多枝葉辭。
子見何殊一噎廢？吾言正似兩輪資。
老年且抑豪揚氣，苟欲朝聞在日孜。

聞鄭君魯源【師洙】誦早梅詩和贈

梅花於我不相干，觀處惟應驗善端。
擧目天機都活潑，《中庸》一部最要看。

和洪君子容【器海】

焉知來者不如今？尼聖於人有畏心。
河海鼎鐘均是小，天機嗜欲較誰深？
霎時石電難長守，斧後牛羊復見侵。
頻復屢盟俱可歎，爾應求我我還尋。

上鸕鷀亭

洛上雨新歇，千崖花發時。
春風吹客子，西日照鸕鷀。
野勢依山逈，江流抱壁遲。
蒼松有古意，庭畔倒垂垂。

過忠烈祠放舟南下

鸕鷀回首隔雲煙，水白沙長意渺然。

忠烈祠前增感慨，長虹疑有氣衝天。

謁尙德祠

忽是重三節，依然晬日迴。
桐鄉七分貌，如待小孫來。

尙德祠和白生【龜成】見贈詩

宛似童年侍，誰從幕後移？
德容春滿座，仁澤雨偕時。
故老略已盡，後生那得知？
徘徊堦草色，庭宇野風吹。

留別金進士【相箕】

偶爲嶺外客，落盡尙州花
絃誦興巖近，風煙洛水多。
主人能護疾，行子便如家。
却別幷鄉去，猶應夢裏過。

贈聞慶宗人【榈】

嗟嗟我宗，從古不繁。
或落于南，今爲寒門。
如水分流，其始一源。
世遠代易，忽若路人。
陽山之南，有曖其村。
我欲從之，春雨谿飜。
嗟我宗人，各愼厥身。
讀書砥行，及爾子孫。
臨歧書此，他不盡云。

中原歸路別閔弟士元【遇洙】

好水好山兼好書，二三好友與之俱。
世上何緣全此好？揶揄已有鬼嗔吾。

其二

去時一紙行程曆，脚下頭流與俗離。
漱玉亭前還一笑，焉知吾學不如玆？

其三

千載孤雲去不歸，仙山芝草邈難期。

老年喜得南遊力，賴有中流砥柱碑。

其四

端居不欲出庭戶，意思常於靜處偏。
此行展拓良非少，莫恨中途一廢然。

其五

相逢相別一琴臺，路上光陰更惜哉。
滿目桃花春漲綠，秖應明日送君廻。

松臺句講

松陰午日照橫經，野雉林鳩相和鳴。
熙熙萬物皆春意，默見黃、虞以上情。

李生【基敬】和示松臺經字韻，復用其韻以贈之

頭白空山獨抱經，秋春長伴鳥蟲鳴。
少年有志求聞道，先識乾坤正大情。

松臺誦《歸去來辭》

出門便幽壑，列坐盡嘉賓。
風晩松花亂，天晴鳥語新。
隱約林端寺，微茫野外人。
淵明詞賦在，千載默相親。

四月八日

滿地槐陰厚，人行影不分。
孤齋燈似月，衆壑樹如雲。
洛社疑前夢，溪樽駐夕醺。
淸和好天氣，此樂共諸君。

傷雨中芍藥花臥地

松心不待後凋知，獨立亭亭貫四時。
嗟爾草花顚倒甚，一番風雨力難持。

觀諸友習鄕飮禮，卽席書示

草間綿蕝集靑衿，三代威儀乃見今。

天地方行盛德氣，山林猶有古人心。
酌來洌井泉爲酒，樂處疎松風入琴。
尼父何年大林放？願將此意更研尋。

寒泉之東有一石，頗奇古，其上寬平可坐，余名之曰讀書臺，臺上棠樹可愛，興至偶吟

一樹甘棠微作陰，藤蘿解去自穹林。
讀書臺上沈吟久，遙見當時勿拜心。

張君【性中】以其祖父僉知公命致酒肴，蓋其慶席餘資，而肅廟丙辰，僉知公擢武科，今年爲回榜歲云，余重其意，倚醉作詩以寄賀焉

夢裏明陵拱木春，鬢邊霜雪賜花新。
喜君金榜重廻歲，知我丹墀舊侍臣。
好事一尊煩令抱，賀詩千里忝嘉賓。
莫嘆樗櫟邱中老，罝兎于周亦野人。

金監司【鎭玉】挽

似聞尤老語，公貌類文元。

在國爲循吏，持門是好孫。
徽言知有受，耆德喜猶存。
後生空白髮，垂淚望靈輴。

酬寄柳進士【乘】誠齋韻

共是成來性，須知復處根。
最初言不妄，而後行彌敦。
象卽天雷著，心惟夜氣存。
湖南近寥落，努力破蒙昏。

其二

維天不已聖之純，此道分明俱在人。
一則公時便相似，四成我處每還因。
須臾或離都無物，毫髮難欺自有神。
方信善言千里應，要須各敬老年身。

受賜扇

臺省惟虛語，林泉亦素飧。
年年五月五，珍箑拜君恩。

松下酌松醪口號

午日作陰風作濤，坐來微露滴淸醪。
蒼松百尺干雲直，那得人中似爾高？

自警

夢寐常宜靜，言思摠是閒。
用心猶未熟，易失踧舒間。

觀漲

一川南北坐新晴，冉冉斜陽洲渚生。
莫是滄浪嫌濯足，夜來猶自幾分淸。

金營將【灦】大人挽

八十來年身且健，是翁完福近希聞。
少時義氣驚鄕俗，白首高歌臥海雲。
死即銘旌都御史，生疑夜獵故將軍。
膝前赳赳三男子，殺賊惟知報聖君。

九日和陶

天心本自仁，肅殺亦生生。
爲此群陰月，尙愛重九名。
天高昨日雨，萬木霜華明。
扶杖陟崇崗，列坐聽松聲。
顧影笑白髮，撫心惜逝齡。
黃花開未開，有酒我且傾。
詩書以終老，此事於我榮。
嗟爾四方士，疇不起鄕情？
及時當漑根，秋實各自成。

松下偶成

短松立如束，條葉密於織。
白日容其光，落地文繡錯。
我來愛此陰，沈歎坐永夕。
三千與三百，細細劇絲髮。
大哉聖人心，包括無一失。

曉鷄

寒暑何曾廢？天機各自鳴。

一心常惕若，報曉亦蠅聲。

除夕酬李君景受【鼎禧】

老來方惜日，病起忽驚春。
是處良心切，同君一撥新。

酬裵君乃誠【遠明○丁巳】

歲色判昏曉，人情殊舊新。
吾慚滿頭雪，天與一腔仁。
千里求聞道，他時驗事親。
南遊如昨日，回憶達城春。

酬李君子久【恒春】

存心不待問惺惺，朝晝常如夜氣淸。
向裏工夫須及壯，此翁無力制頹齡。

李進士【敏培】挽

昔與黎湖語，及門有二李。
大李時相顧，識博質又美。
小李不相見，蓋聞亦佳士。
骯髒有姱節，詞翰時自喜。
忽得乃兄書，前月病不起。
嗟哉貞元際，萬物正資始。
云胡三秀草，抱志雪中死？
薑桂自有滋，滅性乃如此。
平生好善意，白髮坐山裏。
不知草萊間，湮沒幾箇子？
遙憐讀禮燈，夜影凄孤被。
告君且收淚，殘書爲料理。
夙夜獨征邁，仍以教穀似。

宋教官【婺源】挽

《春秋》大旨炳日星，天爲此道生尤翁。
鄉原之禍甚楊、墨，辭而闢者伊誰功？
此翁脚下難爲孫，後來典刑喜得公。
先生有文一百卷，將與天壤垂無窮。
大哉訏謨及功業，亦有編年書一通。

公乃獨任編摩役，頭鬚爲白十年中。
世人且莫輕訾謷，微君此事那有終？
我初識面延英門，公時尺疏叫皇穹。
鳳凰一羽人爭覩，布衣南去海連空。
晩來薄宦非其志，行止猶觀時汚隆。
驪水淸漪映書屋，廚中無煙三徑蓬。
豈肯煩攤門外飯？要須不失乃家風。
前月哭君九水村，是夜天寒雪冥濛。
白髮窮山悄獨立，于今世事尙無聰。
人家父祖萬仞壁，幾箇倒西復來東？
紫陽此語眞痛切，自公之逝吾誰從？

追挽兪咸悅【學基】

生來氣味近醇醪，恢蕩襟懷也是豪。
老知世界都衰颯，猶喜年前見一遭。

其二

不徒傾蓋獲公心，婣好因知內行深。
驥足牛刀從古歎，區區何必語升沈？

和李君【師範】

夜來春雨意頗足，庭草無人還自綠。
同君日日念湯盤，且向前川作新沐。

報鄭叔範【纘楷】鄉飮酒禮志喜之作

天時盛德氣方濃，周禮于今却在東。
酏酒虞庠娛庶老，舞韶齊路化群童。
也須推廣一家讓，安得挽回三代風?
甘白古來常尙質，且將詩樂愼初終。

酬楊季達【應秀】

肥瘠不關田，雨暘惟聽天。
且各盡人力，時來興勃然。

其二

吾知告子不知性，相彼百川流必東。
若非大智行無事，那得平成萬世功?

酬安達卿【衢】

人生愚智詎相懸？朝夕磋磨賴友賢。
苟不爲人斯過半，須思克己且從偏。
涓泉漸覺新知達，快劒寧愁宿習纒？
白首讀書還自笑，此心頃刻忽天淵。

詠蟬

屈平與爾眞同調，墜露朝朝飮更多。
滿腹淸泠無處瀉，還疑遺響入《騷歌》。

其二

天公爲合樂，流響滿空山。
竦耳凉風發，醒心爽氣還。
時維夏秋際，物是鳥蟲間。
我臥寧嫌聒？渠吟自不閒。

出川上

雨坐平沙風滿衣，淹留且復曝秋暉。
淸川左右逢原地，天理人心共發揮。

落霞亭韻，爲楊季達作

連峰霞氣半江明，高士風流曠古情。
滕閣廢墟空水色，天台遺賦自金聲。
上林日晩群鴉滿，野澤秋淸獨鶴鳴。
不有賢孫光緖業，世人那識此亭名？

謝秋、湛二釋子

爲師千里意良勤，寶塔靈碑浩劫雲。
自笑吾迂亦太甚，生來不見釋家文。

生朝自警

白頭無路報穹旻，每到生朝閔此身。
但願從今聞大道，免敎虛作丈夫人。

閏九月九日登高

病起登高晩，天高鴈影長。
今秋又一閏，是日再重陽。

蟋蟀猶依戶，禾痲欲滌場。
籬花未全老，亦足泛吾觴。

葛谷鄭氏舍，和大心韻

靜室琴書好，淸尊對菊花。
人看將門子，我愛圃翁家。
落葉迷村徑，寒流淨澗沙。
慇懃留客雨，二日得詩多。

題李生【雨佐】草堂

穿溪過麓不嫌深，暇日茅堂又一臨。
邱壑淸緣輸老將，詩書遺化起儒林。
嚴霜淅淅孤花晩，小雨沈沈落木陰。
此夜燈前賦《杕杜》，壺觴珍重故人心。

李生【光震】挽

吾鄕詩禮古來敦，尙喜厓翁有好孫。
二院絃歌方發軔，君亡此事與誰論？

其二

四隱亭空溪水寒，遺文零落在人間。
汝門堂構他年事，泉下唯應望季難。

其三

書齋分占壑東西，好事松醪幾見携？
來往風流今寂寞，不堪秋草塞山蹊。

別愼君敍【守彝】次其詩

白首高歌歲暮天，空山朝夕食淸泉。
朋來千里驩如舊，同善何論覺後先？

酬鄭君汝大【來祚】贈詩【戊午】

萬妙貞元際，良心發見時。
鳶魚他自得，非是要人知。

得士洙書，久未報，思至詩以酬之

薄祿驅人也不遑，山棲啖薺未應忘。

別來又見年華盡，舊讀循環幾格長？

酬宋生【頤錫】

湖南近寥落，遜老尙淵源。
喜爾多眞氣，與人無俗言。
心孚地不隔，目擊道仍存。
默默還成別，年來覺我煩。

追挽申進士【命觀】

東湖一曲人如玉，廚不生煙床有書。
農老門前盈尺雪，白頭回顧意何如？

其二

篋書零落已生塵，山水携家願卜隣。
此意難從俗人道，世間何限白頭新？

酬朴君聖至【獻可】

老方知惜歲月，愼勿抛好時節。

爾來日雪如花，爾歸時花似雪。

酬金君平仲【時準】歌詩起壽

此身老去無餘願，移孝于今一事天。
滿目艱危搔白首，古人何意欲長年？

宋僉知【世益】挽

草萊何限死者儒？公道于今久已無。
忠信元來天與貴，看公莫以一僉樞。

和李君晦甫【曄】

上蔡去矜字，工夫秖一年。
良心易頻復，本體詎長全。
窺淺莫言大，鑽深方識堅。
脊梁千百擔，生死直須前。

朴君聖至有詩示余，益知抗顏之爲可懼，臨別奉和以勖之

遠來未必我爲賢，子欲求師性卽天。
氣質化時渾是善，聖愚元不有偏全。

李君晦甫示原明所贈詩，感懷次之

此爵焉能易彼貧？一生終是養於親。
存順死安猶可及，到玆方信我爲人。

松臺觀耕

春泥汩汩水盈陂，更有田烏牛後飛。
沈吟化育無窮妙，日用人人那得知？

三月五日登高

白髮芳尊感物華，那堪風雨夜來多？
少年莫歎春光疾，留眼重看戊午花。

和楚山宰李侯【衡鎭】寄詩

自從離索白紛如，遲日空山坐念書。
珍重故人千里問，春來詩興在公餘。

其二

頭白常憂負是翁，遺祠悵望楚山空。
膰來素飽能無愧？願仗絃歌作士風。

許生【紳】挽

陽川世閥盛賢豪，滄海高風不寂寥。
知子承家惟孝友，誰人解惜老蓬蒿？

其二

將子郊亭數往還，至今追憶却慙顔。
人生書劒惟從好，多少思量摠是閒。

其三

西疇春及已人非，寂寂江雲掩峽扉。
遙想龍驤柁樓夜，夢中風雨棣華飛。

金生【碇】挽

一水湛且綠，縈廻繞其宅。
婆娑賢父子，人代閱來速。

其二

我愛素隱翁，天然眞實在。
曩我移家來，翁歸不相待。

其三

雪裏一登臨，遺墟偶回祿。
我言肯構責，不獨一茅屋。

其四

再來落花時，山鳥啼更寂。
屋成人已非，臨流坐歎息。

其五

曷不爲家學？相見每相謂。
腹中書五車，博洽亦可畏。

其六

骯髒不諧俗，爲文亦若玆。
今人那易識？宜爾命之奇。

其七

家家讀書聲，鄕塾有古意。
嗟哉正終時，惓惓育材志。

其八

深院詩書會，期君方秉拂。
此事良亦難，居然善士失。

其九

相望莽蒼間，爾嬾吾亦老。
一歲僅一見，中心則相好。

其十

穀雨新晴後，溪魚潑潑遊。
沈吟去年約，益信此生浮。

南臺漫吟

人情天氣兩融怡，此樂堯夫先我知。
活活淸川新雨後，萋萋芳草落花時。
窺園屢被黃鸝請，爭席頻教白鳥疑。
歸對殘編聊一笑，優游終日亦何爲？

酬大心病中見示

泉石煙霞疾已深，如何無妄又相侵？
此心只可先要好，淸濁同歸一利心。

鄭處士【餘慶】挽

叔祖平生小學書，澧蘭沅芷恨何如？
抱經窮巷淸如玉，獨有門人白髮餘。

贈別李君太和【醇甫】

相別玉屛士，偶來川上時。
秋水淡無累，野日淨暉暉。
遙樹一蟬鳴，興至便爲詩。

贈康君仲鴻【逵】

楊柳依依冰雪深，都從書裏度光陰。
那能使汝忘飢渴？良苦西山食薺心。

南進士【整】挽

老眼年來厭俗塵，山林猶見讀書人。
如今零落歸泉下，把翫餘光悼此身。

其二

白頭爲學奈空疎？看字終慚辨實虛。
此義何由問箕子？他時涕淚檢箱書。

其三

幽期華岳未開雲，一酌春池獨少君。
惆悵郊西十年面，此生無路更論文。

其四

老年幽計在巖泉，吾弟云亡子亦先。
春日無人抱經至，新亭獨立意悽然。

和辛生【應三】

機絲中斷復難全，掘井如何不及泉？
三十過來仍老大，秖應回顧意茫然。

和安生【鳳胤】立春見示

清明一氣夜存餘，早晚穹林濯濯墟。
也識貞元涵萬妙，要從動處驗吾初。

朴生【宗崙】挽

緇塵曾不汙衣裳，歸臥龍門白髮長。
蘭草自生還自折，世人那得一聞香？

其二

江干谷口或相尋，離索中間兩地心。
莫道傳家無長物，一經終不易籯金。

和洪兄汝和【己未】

雙騎竹馬憶青春，俛仰都成濩落人。
白髮傷時還怕壽，素心憂道不言貧。
人生離索南還北，天運循環夜必晨。
且共陶邱樂耕鑿，何論花竹小經綸？

聽洪君養汝【頤壽】琴

青春白日無塵事，大樹之下坐鳴琴。
松風泠泠左右至，谷鳥林鳩相與吟。
先王作樂今渺茫，往往感通在人心。
老矣不可俟河淸，請君彈出太古音。

淸安途中

白髮尋山還自笑，琴書邱壑是生涯。
傳言巴串猶庢雪，行到淸安已杏花。
馬上春愁長和睡，天邊野色半成霞。
大心有魄應隨我，未死何曾獨守家？

聞慶九槐亭宗會

蕭條九槐樹，滿地忽新陰。
《杕杜》成今會，《甘棠》憶舊臨。
巖楝雲霞渺，桑村雨露深。
同根異榮悴，沈歎百年心。

和羅心甫【烱奎】

遠來從薄海，相逐入深山。
日月詩書裏，雲霞杖几間。
晩聞同覆簣，微力愧廻瀾。
靄靄落花雨，離愁也未閒。

仙洞新舍懷大心

造化多般巧，巖泉幾曲淸。
君言直一死，我欲寄餘生。
燕至猶疑賀，鳩居却少營。
雲林絃誦地，千古有遺情。
【留此十數日無一詩，臨發口號。】

贈金生子昂【厚顒】

世人疇不笑吾迂？六十方看《小學》書。
千里相求同氣類，笑君迂更甚於吾。

其二

高生五十始爲詩，小技文章亦足奇。

九仞成來由一簣，從今人十己千之。

和申大雲【峕】仙游洞作

淸高儘我弟，泉石疾還深。
白首同歸約，靑山獨往心。
林芳疑鄂棣，松籟代亡琴。
寂寂無誰語，多君一馬尋。

哭李君衡老

長宵誦《易》耳如聞，黃葉柴扉枉待君。
古峽秋深霜氣重，江中恐有未招魂。

其二

朝朝山屐破溪雲，夜網懸魚更荷君。
他日仙遊絃誦地，婆娑應共大心魂。

登負兒山

在谷常嗟管裏天，登臨雲海夕陽邊。

猶嫌目極生氛翳，更借長風一豁然。

鄭兵使【德徵】挽

圃老之門出將多，沈吟此理竟如何？
幸余一識明公面，氣味投壺與雅歌。

其二

矗石樓前雲水悠，穹碑應遣淚長流。
朝廷不起瀕陽臥，天與巖川養白頭。

盤桓臺賞雪和李生【稠】韻

雪壯生陽後，風和大凍中。
沈吟洙、泗意，此樂與人同。

和贈白君士曄【師晦】

收將此物主於身，且就眞經一一遵。
但恐讀來如未讀，明年人是昨年人。

其二

大聖生知猶志學，萬千辛苦始能成。
休將一餉吟哦過，默向吾心驗正誠。

和羅心甫【庚申】

半世欺人坐此名，憐君虛用遠來誠。
優柔老覺詩書味，正大閒觀天地情。
五十有聞猶足畏，百千努力詎無成？
別時又是黃梅雨，目送江南綠草程。

和贈張生【烈】

識子遠來意，何嘗求飽安？
詩書擁茅屋，風月滿槐壇。
別思鶯聲裏，流光馬足間。
及時須用力，老大謾悲嘆。

放牛

豐林雨歇野氛昏，臥聽流泉左右喧。

白晝閒眠渠不愧，春時猶報主人恩。

宗人僉知【涵】挽

老眼尋常厭俗紛，吾宗獨見質勝文。
孰言仁富行相悖，久識經金義已分。
他日去尋悲宿草，十年離闊望歸雲。
尙從齒爵徵天報，一入重闈謝聖君。

李生【惟哲】挽

茅齋相對寂無言，石色江聲繞一村。
恨失當時窮緒論，聞公兩世及尤門。

其二

移宅嘉陵更渺然，癯容野趣望如仙。
老年燈下蠅頭字，零落塵箱幾禮編。

漫興

縠紋重疊逐微風，斜日金光蕩漾中。

鮮鱠細鱻隨所遇，木瓢眞率稱斯翁。

【川上卽事】

其二

一洗塵冠當浴盤，溪流淸徹照心顏。
不妨仍作重陽會，峽裏鴻來已早寒。

【墮冠水中自嘲】

其三

苔磯日晚坐沈吟，八月淸霜紅半林。
從他水面風微過，偶得遊魚自在心。

【和李君伯心基敬】

秋思

登高騁遐眺，秋色一蒼然。
小雨重陽近，淸霜九月前。
峽深稀下鴈，園冷寂無蟬。
關塞雲千里，行人何處邊？

生朝志感

生初回憶似前刦，歲月無端霜滿簪。

是後再新天地日，箇中百變古來今。
永慙莫報昊天德，猶或還全赤子心。
直到繭成符至日，兢兢履薄又臨深。

謝子容有詩規益

二弟黃驪至，提壺慰始生。
情親無百拜，歡極失三行。
夢裏風雷象，床邊蟋蟀聲。
沈吟增夕惕，規切荷君誠。

赴金生【欑】壽席，主人有詩，追和以贈，金是同庚也

生歲誰期老更逢？欣然一笑共衰翁。
數三酌後顔還少，四十年前頭已童。
禮爲鄕隣惟上齒，學從家塾庶同風。
且將此會名眞率，意到詩成何必工？

追挽金參判而見【龍慶】

英達君家丞相在，古人風韻莫先公。

少爲詩會長相憶，一入經筵偶與同。
出處升沈都有命，死生離別各成翁。
故情錯愕空垂涕，虛企星軺曷月東？

元日【辛酉】

朝吟《堯典》夜文王，天德昭融萬世長。
自喜此身熙皡裏，齋誠遙向五雲傍。

人日示諸生

每歲逢玆日，循名却發慙。
吾儕那自小？中立也能參。

和子容讀《擊壤詩》

莫將偏霸比文、桓，眞樂猶堪驗廣胖。
夢寐康衢千古意，此翁非爲一身安。
【爲邵翁解嘲】

龍潭去路，過錦山霽峰殉節，和崔稺陽【受復】

駐馬荒陂看古碑，雙忠一郡百年思。
天淸野曠無餘迹，語及龍蛇涕自隨。

太古亭

流水聲中今古情，老松倒壁獨花明。
堪嗟太白山巓客，暮歲經綸此一亭。

和崔君稺陽

臥仙猶是折腰者，數日都輸吾輩閒。
無限雲煙談笑外，有情風雨去留間。
同攀松桂憐三宿，間說詩書愧一斑。
踏盡江南春草色，婆娑臺上更怡顔。

過達溪驛

雨露桑麻太古天，柴門鷄犬白雲邊。
翛然便欲移家住，萬壑煙霞一道川。

拜三川書院

瑤琴空在匣，山水爲誰彈?
三川逝不息，佇立起長嘆。

其二

空庭無老柏，隔樹有黃鸝。
平生《出師表》，三復涕長垂。

又賦

披髮伊川萬世憂，卽今腥穢滿神州。
也應前聖乘桴意，閩、洛相承一泒流。

其二

天下惟吾冠帶國，英靈眷顧或東臨。
鞠躬詎肯論成敗? 此義儒門一頂針。

睡軒朝起偶吟

樓居縹緲似仙家，偃蹇青山入吏衙。
奇事更添今夜月，杏花如雪雪如花。【是夜雪】

睡軒

溪山廻合盡雲煙，花樹冥冥小雨天。
白髮蒼顔何意思？ 南來還傍臥仙眠。

臥龍巖

朱子川邊春漲深，臥龍巖上夕雲陰。
蕭條異代無窮思，擊節如聞老栢吟。

喚仙樓

少小赤裳山上遊，至今遺恨喚仙樓。
鸞驂一去江空碧，把酒臨風愧白頭。

赤登江雨中口號

短棹穿過萬壑雲，赤登江上雨昏昏。
心香一瓣人誰識？ 遙指尤翁生降村。

冷泉書院

龍淵臺古水流急，青鶴不來雲自凄。
可識先生結茅意，巖巖千仞與之齊。

象賢書院

茅磎雲壑使人迷，洞外平蕪棗樹齊。
絃誦寥寥晴晝永，一庭花落鳥空啼。

題湖墅帖【壬戌】

日涉門前行徑微，盤桓臺上宿雲飛。
江南芳草自春色，塞北征人何日歸?

和閔弟士會【昌洙】耽羅路中見視韻

緘髓經年志竟成，仲君心事一朝明。
恩歸亭上滿罇酒，悲喜他宵說此行。

宋掌令【思亂】挽

湖海離情歲轉加，昨來凶聞淚橫斜。
老年書籍猶成癖，少日朝衣久已賒。
泉下蕭條舊臺栢，霜前蕪沒故籬花。
令季相逢如問訊，山中閒漢鬢全皤。

李生【夏祥】挽

白馬江邊微雨天，君騎牛至我維船。
心知顚蘖徵天理，文采蹁躚美少年。

嘲盆菊

病起曉霜白，籬花香欲還。
隱身矮簷下，未信爾凌寒。

病枕偶成示朴生【纘赫】

客從瑞石至，誦詩非俗聲。
梧桐凉露夕，病鶴不禁淸。

聞曾孫生書懷示兒

自信童心在，渾忘白髮繁
飜驚我成老，詎意汝生孫
但願承家學，猶爲報佛恩
生朝還隔日，霜露倍傷魂

金進士道叔挽

自我來泉上，所喜得道叔
道叔貌頗槁，見我輒腴色
相望六十里，每來信兩脚
暑嶺獨躋攀，寒川長撇烈
斯學諒爲已，講習豈不樂
告歸常卒卒，親老難一宿
十年不少懈，此事稀古昔
初趾及止止，心存每如一
勖君造次間，猶足驗學力
甕牖僅容身，中若朝廷肅
婦子相跪拜，稺兒愼唯諾
暮粥亦屢空，鶴髮自怡悅
餘敎被村隣，樵徒誦小學
薦書不渡漢，催吏徒叩屋

明府方講學，倚君將竪拂
鬼伯忽相迫，仁人也無祿
鄕邑若空虛，聞者均痛畫
靈芝空三秀，此恨何時歇
昨夜見元賓，相對淚空滴
力疾寄荒詞，且代相紼役

尹生【栻】挽

忘憂村裏閉門深，雅尙何曾怨陸沈?
義敎仍資相長益，枉臨多荷願言心。
小齋塵滿琴書榻，故里霜凄棗栗林。
孝子書來增涕淚，白頭扶疾强悲吟。

沈生【致賢】挽

同舟醉興下藍山，風義難忘十載間。
爲問鸕鷀好在否? 主人歸去空江寒。

李進士【克謙】挽

鳳棲流水送君歸，收拾殘書九歲兒。

天椓英才不少惜，白頭憂道淚盈衣。

臘之十一賞梅

淡淡玄酒意，宜爾未開時。
及此淸香發，那無一醉期？

乘興又題

寥寥玄古趣，且欲向君尋。
忽爾聞香處，還知惡旨心。

花下對酌，次李必玉【珌】韻

臘去仍爲殿，春來却是先。
自能隨日化，非欲向人姸。
睡美暗香裏，尊空疎影前。
茅齋縱寥落，也不怕寒天。

和吳君伯溫【瑋○癸亥】

藹藹新陽天地心，山空寒月照清襟。
向來物欲紛挐久，草色堂前幾丈深？

和士會渡海時次尤翁韻，寄謫所

炎溟嗟是翁，再涉一年中。
天地陽無盡，詩書道不窮。
照盆依白日，挂席信長風。
珍重桑榆計，無令忝孝忠。

和士會謫中見示韻

抵死孤忠尙皦如，嶔崎湖海一身餘。
却將野服當峨豸，豈必官途可折車？
短髮蕭疎三夜夢，深衷繾綣幾封書。
上天霜露無非教，好臥江亭食舊魚。

偶吟

天機逝不息，妙處竟如何？

曉枕聞魚躍，盆池也自波。

警學者

我病還須敎爾慵，林居散漫愧相從。
臥看一室虛生白，不復傍人誦九容。

追挽任參奉【選】

十載相逢俱已老，盤松八角舊時情。
每慙莫救陳東死，不恨長爲洛北生。
白首猶存淮海氣，丹旌秖得寢郎名。
支離於世空多感，時對賢咸淚滿纓。

因病自箴

半世求仁心似丹，《西銘》一讀復三嘆。
醫門此疾眞名狀，莫是天敎體認觀？

其二

自覺多言害道眞，無難況是責於人。

邇來舌本差强似，木訥從玆或近仁。

其三

小不正猶心不安，喎斜口眼更何顔?
年來履薄臨深意，把照從今未忍看。

其四

人扶不起起還傾，此學元來欠力行。
除却閒言堅立脚，須知天意玉吾成。

其五

老年筋力苦無良，知道于今類虎傷。
淨來人欲渾天理，合喫仙家第一方。

偶吟

星則光圓石體方，人生氣質合商量。【質，形質之質】
須知變化工夫地，方局圓通自有常。

尹先達【得敏】挽

嗟我同庚友，脩材委厚地。

去年亡一子，今年亡一子。
玉堂凄舊直，臺府寂清議。
發軔有季難，同朝方甚喜。
君賜未簪花，持作丹旐字。
茫茫不食報，餘慶尙兒稚。
早霜被百草，去去湍江水。
何言慰大阮？哀歌漬老淚。

曉間輾轉，用“風雨近重陽”分韻，各成五言十五句以叙懷

庭樹一半空，策策終夜風。
蟋蟀寂無音，哀鴻叫不窮。
歲月忽蹉跎，牢騷一病翁。

其二

徒佐落木風，殊非膏物雨。
農夫妨滌場，行子愁臨路。
陰陽多錯互，沈歎此曷故？

其三

山水不必遠，書中有大隱。
敢處老成名？深慚小物謹。
忽然詩興發，心知九日近。

其四

白首猶《小學》，朝朝誦九容
磨驢徒故迹，蒙泉何當通?
理强心力弱，關鍵自重重。

其五

四時貴名日，古人皆取陽。
况復屬歲暮，九九最重剛。
直到閉關節，分明見消長。

寫懷

維天正色晦宵時，星斗滿空光陸離。
睡覺披衣還獨立，此心那得鬼神窺?

其二

萬里無風帖碧濤，登高望海海彌高。
雲霓明滅彼何地? 欲駕扁舟問六鰲。

其三

快事世間那有此? 中心之好語難傳。
卽今塊伏深房裏，想像時時一爽然。

重陽病且遇風，不得登高，口占一詩

病裏尋常負令辰，秋陰漠漠劇愁人。
風前赤葉鋪仍厚，雨後青山洗更新。
頭禿平時帽自落，肺傷邇日酒難親。
登高亦覺風流少，一任黃花笑老身。

睡中微聞<u>得恒</u>叫奇，而昏蒙不省，朝來始令細說，仍記其事，以替目擊

天高昨夜霜，月色何皎潔？
仰視玉宇淨，微雲更點綴。
忽有雙飛鶴，渾身皓如雪。
翅逐槐陰轉，影到書巖滅。
戛然過余屋，疑有仙馭掣。
誰遣九皐音，聞野淸不絶？
山家寡俗韻，得此境更別。
老子睡不知，聞之但擊節。

曉吟

深室衣衾厚，不知窓外寒。

臥思天下老，幾許喫艱難？

自譴

哀生甚哀死，諒知出天慈。
臨書淚數行，終緣兒女私。
七情發不中，讀書將奚爲？

十月十二日拜社稷膰肉有作

十月之戊午，雷轟社壇木
豈惟神震驚，莫測理倚伏
三言退熒惑，一德消桑穀
天人際不遠，感應甚神速
修省祝我王，克己首愼獨
署人辱致膰，賤臣方仰屋
細傾亦何心，素餐常所恧
從今拭老眼，功化佇位育

李生【度臣】挽

三世主文盟，君家獨有是。

尊翁吾同年，世謂趾厥美。
高騫不盡翰，殄瘁痛何已？
茫茫不食報，君胡又蚤死？

其二

君以先人故，一來顧窮谷。
移晷談詩書，懽然意俱足。
君如淇岸竹，青青立幽獨。
相契歲寒心，一見可醫俗。
霜雪忽來集，摧折一何促？

其三

尊甫不可作，君去又山阿。
法門日衰敗，此道竟如何？
嗟哉九泉下，良士何其多？
吾亦哭吾婿，伏枕淚滂沱。

至月二十日，梅下小飮作

太和名自邵翁來，氣味沈醲正佳哉。
春風一座流行遍，且與梅兄解凍腮。

近聞李君元甫失爵以來，不能如平立之無怨，此余之過也，及其相見，余病不能言，詩以謝之，且解其惑

歲在丁未，字以錫汝。
是君天得，非我私與。
旣非私與，又何奪爲？
欲君知恥，奮發於斯。
求仁之方，恭敬與忠。
君於三者，都不用工。
蓋君少日，志氣鑫壯。
謂爲己任，當而不讓。
我憂其過，時或退之。
年踰而立，大乖所期。
氣質之病，只是依舊。
縱我與縻，奈君不有？
有時顧思，能無愧懼？
是宜自貶，又何靳固？
然仁不遠，欲之斯臻。
其得其失，在己非人。
非若朝宦，有削有復。
況此公物，非君所獨。
噫朱夫子，於元不居。
觀其成就，其果何如？【李名仁錫，舊字元爵。】

梅下又賦

梅花花下百花醪，花氣熏人寒欲消。
莫露蘂珠宮裏面，雪中標格自然高。

臘月七日大雪，欲上松臺，而病不能焉，籃輿至梅下作

滿山松雪粲成文，高處盤如落處紛。
歸視梅花太蕭索，却思扶杖去穿雲。

贈韓君士涵【敬養】

爲問三冬讀，誰曾花近床？
瓊瑤滿地樹，高處是無香。

自警

我病不能言，聽者不解取。
往往倩人書，書字亦多誤。
何其失本旨？未能無怨惡。
却恐爲心病，惕然忽反顧。

我言未分明，於彼無可怒。

相怨各一方，無良甚可懼。

此心便釋然，三隅可默喩。

俚言將作詩，以代盤盂具。

十二月二十日，吾曾王考諱辰，向晨起坐，北望愴慕，成四言詩，以示子孫

猗嗟我祖，實維我師。

忠信之質，豪傑之姿。

石潭、坡山，吾道在玆。

魯無君子，斯焉取斯。

備嘗險難，粤自冲時。

運際衰圮，功侔創垂。

維此忠孝，門戶根基。

玉瓚黃流，暮年攸宜。

然猶執謙，德崇位卑。

勞而俾逸，積而有施。

凡我後人，咸受厥詒。

曾孫不肖，亦均秉彝。

親親賢賢，沒世興思。

過情之恥，招損之危。

夙宵兢業，恐忝先規。

敢忘盤銘？顧誦抑詩。
迨玆諱辰，晨起愴洏。
瞻依邱壟，霜雪凄其。
居處笑語，遠矣莫追。
惟厥心志，想像可知。
理義芻豢，尙或得之。
宗嗣如線，天若可疑。
庶垂冥隲，永世保持。

羅心甫臨別和取字，更疊其韻以贈

顧我擇交，淳實是取。
而子求我，無乃自誤？
勿爲鄕人，粗免見惡。
聖道如砥，瞻焉諟顧。
維時歲暮，北風號怒。
難尋易斷，此言可懼。
行子歸家，請以爲喩。
子豈視此，爲墻壁具？

次贈鄭生【錫休】以塞請益之意

全德固難得，一長皆可取。

幾人甘暴棄，公然一生誤？
本心尚不昧，善好惡堪惡。
赫然天命在，朝夕失其顧。
暗室或不謹，明神得無怒？
懔若履冰危，眞知傷虎懼。
自有做人樣，何須以物喩？
終身誠與恕，賢聖說已具。

陶菴集

卷四

詩

詩

具進士【文湜】挽【甲子】

少時詞賦氣凌雲，並世云胡未識君？
三隱遺風何處是？遙憐窮谷一孤墳。

其二

青山深處白雲悠，斂却高情翳一邱。
棊子無聲絃亦絶，春來花鳥失深愁。

張佐郎【宇龜】挽

邱壑淸緣故帶方，獨留雙眼閱桑滄。
冥冥一去不復返，彼鴈何曾戀稻粱？

其二

騎省郎官莫言少，君惟辛壬以前人。
世無知我何關我，俯仰要須不愧身。

其三

生別終知死別殊，猶然二紀一封書。
歸去若逢洪惠伯，爲言衰疾臥窮廬。

和韓兄【配性】韻

不妨白首守山扃，無辱元來勝有榮。
貧病如君何日起？醉生於世幾人醒？
窮居已分耕當祿，老學休嫌善近名。
默誦《西銘》願相勖，要須存沒順仍寧。

新齋告成，重三會書社諸生，小飮各賦

小屋槐庭下，苟完非奐輪。
新來春社鷰，同樂遠方人。
絃誦酬佳節，林泉絶俗塵。
深盃酒如水，遙野草成茵。
忽有踏靑興，還嗟垂白身。
陰陰天欲雨，此喜共吾民。

曉枕作

老夫少眠睡，徹夜聞子規。
聲哀訴何事，春晏到如期。
定在花深處，偏多月白時。
沈思晦翁志，皓首愧無爲。

漫吟

漸看雜花少，還憐芳草芊。
魚生穀雨日，鸞颭麥風天。
永夕無來客，通宵有杜鵑。
端居何所見？物化自推遷。

槐臺寫懷

朝朝瞻敬上東臺，移席槐陰草色開。
早知脚力衰如許，繞墓應須日百廻。

偶吟

山翠近書幃，四邊芳草菲。
春愁付杜宇，花事到薔薇。
衰疾身無健，行藏意與違。
偶逢時雨喜，遙祝五雲暉。

李參判【雨臣】挽

氣槪交遊際，時時惠德音。
常嫌數舍遠，那忍九泉深？
歌缶年方耋，門闌古又今。
不知賢子姪，能得此翁心。

初上讀書臺，鶯鳩交鳴，小睡罷漫吟

松陰坐久自忘言，棊子琴絃且莫論。
天爲深山嫌太靜，春來一任爾曹喧。

懷申君瞻甫【光斗】寄詩

相思不見幾經春？嗟爾朝耕暮讀人。
自有田頭危坐地，天教綠草密如茵。

【古者人生八歲入小學，至十五入大學，其間教而不能者，則舍學而歸之農，士農由是而判焉。申君光斗瞻甫弱冠從余受《小學》、《大學》，有志有才可教，而非不能者也。一日辭歸仁川之海隅，力田以自食。余歎曰："古道之不行久矣，斯人將爲一農夫已耶？" 蓋傷其貧也。其兄曰："我則將取科第而祿養也。" 瞻甫耕餘不廢誦讀，然亦不能從余遊。偶有人來說其耕事，余益嘉其賢，作詩以勖之。甲子春社日。】

林塘偶吟

縱欲登山脚力微，有時扶老出荊扉。
盈疇大麥尋常浪，浮水青荷早晚衣。
健犢愛蕪終日走，疲羊畏露未昏歸。
升堂且共歌風雅，此樂陶陶永不違。

詠窓

南北分窓牖，茅茨一畝宮。
自得乾坤妙，疇非財輔功？
昏明坐占日，開闔動隨風。

觸類沈吟久，人心有塞通。

避雨店舍雜坐口號

湖上歸來雨和泥，相看一笑共旄倪。
樂時瞿瞿方良士，《蟋蟀》眞堪代復圭。

其二

雨罷山蹊半作泥，黑雲何意又南倪？
不知顚倒衣裳地，能保斯心儼執圭。

斜川即事

沄沄水趨壑，冉冉雲生樹。
坐久淡忘歸，誰知這裏趣？

觀水

吾聞紫陽老，大水必遊臨。
天地斯爲快，江、河較孰深？
觀瀾應有術，歎逝豈無心？

峽裏眼偏小，猶堪濯暑襟。

臨池偶興

岸幘宜晴日，回塘澹暮天。
萍開樹陰直，荷定露珠圓。
照白身知老，成丹意欲仙。
靜時涼思足，何事又鳴蟬？

其二

多事右軍墨，無心陶令琴。
淸池獨淨友，長日復輕陰。
點水蜻蜓小，環籬琥珀深。
時來慰幽寂，樵牧是知音。

川上口號

閑看秋水壯，獨有野舟橫。
偶會詩書樂，聊同山澤情。
溪罇竹葉細，田徑木花明。
人事一惆悵，浮雲南北征。

別濟州牧使尹子固令公【植】

漢拏絶頂未云奇，秖是南溟環作池。
雲霧時看天馬出，春秋常與老人期。
無將白髮羞金橘，且洗貪泉用碧漪。
我病在床心則遠，隨君大帆御風歸。

八月十五日志哀

自罷千秋節，頻傷八月來。
寢園凄白露，仙仗轉晴雷。
窮谷孤臣淚，塵寰幾劫灰？
當年北寺慟，直欲籲天廻。
【首句全用杜詩，以肅廟誕辰也，是日又吾仲父歸樂府君瘓歿之日故云。】

寄南海謫客朴士洙

去年風雨近重陽，分韻題詩興若狂。
南海極天人不見，白頭黃葉共悲傷。

疊成幷寄

天地那曾無一陽? 聖君已識此臣狂。
一霈雨雷知不遠, 更新日月亦何傷?

夕惕軒夜坐口號

衆壑暝色集, 疎籬煙翠遲。
屋頭過明月, 林影久參差。
偶來澹忘歸, 幽懷有誰知?

過夕惕軒, 趙君益章【重晦】孤坐, 詩以慰之

搖落虛堂赤葉堆, 孤花猶自伴人開。
不俗未妨賓作主, 何須看竹去還廻?

示康君仲鴻

毛羽蹁躚雲鶴儔, 一年來去信春秋。
天衢崢嶸日月白, 高飛莫作稻粱謀。

別愼君敍

愁送臺邊處士莊，白雲黃葉路茫茫。
志氣老年增激仰，吾知壯觀在華陽。

【愁送一作搜勝】

和士洙記夢

寤寐相思若在傍，伊人何在海中央。
日月星辰天遠大，松篁橘柚摠文章。

和士洙棘中述懷

讀《詩》胡然歎墻面？爲學且莫效磨驢。
胸中脫去藩籬隔，天地何往非廣居？

太學生尹志述遷葬挽

先王上昇白雲鄉，盛德大業長昭垂。
漢時鉤弋斷則有，未聞關係於倫彜。
迨我新王至難處，大義爲重難容私。

《春秋》妙旨在時宜，諱則不可辭當微。
云誰作文刻琬琰？一治之功繄於斯。
死生禍福疇不顧？一世敢怒莫敢違。
滿廷孰非舊恩遇？乃使危言出布衣。
堂堂太學首善地，隻手妄欲張天維。
桀驁之氣公正憤，下筆文字無葳蕤。
恨君年少未讀《易》，大過滅頂理無疑。
一時薄譴誠非料，畢竟酷禍仍相隨。
神氣陽陽如平日，烈哉視死眞如歸。
千秋復見范滂母，是翁宜乎有是兒。
建康城中三月雪，白日黯慘神鬼悲。
吁嗟士禍君作首，一劫乾坤烈火馳。
忠文老相同歸死，地下相見將何辭？
衿陽十載血化碧，旌褭重開欲何之？
我欲表君作銘詩，衰疾侵尋不可爲。
題寄荒詞達哀臆，萬一斯言信來玆。

追挽徐察訪【文永】

萬二千峰八耋中，尤菴之後復斯翁。
心遠不嫌朝市近，知君避世在墻東。【戊午夏，聞鷺洲徐老還自楓岳，壯其氣力，且高其志，作詩欲寄賀而未果。翌年翁歿，其子宗海以余病闕誄詞，屢乞追賦，故書此而歸之。】

元日賞梅【乙丑】

蕭索風流定怪人，一杯蘇合氣氳氤。
瘦寒尙有精神在，辛苦經冬更得春。

立春志感

詩書抛去病爲隣，衮衮流光感故新。
年近從心猶愧立，少時希聖此何人？

人日

年年愧此日，頭白又逢新。
方知踐形者，眞箇是爲人。【自警】

其二

不見湯盤戒？新而新又新。
兒曹長舊習，幾日汝爲人？【示兒孫】

三月十二夜聞子規

山深三月雪，此夜始聞鵑。
啼血爲誰苦？花心猶寂然。

試脚初至外軒

病餘行步任斜攲，濛雨和風最好時。
珍重春光似相待，杏花高出屋頭枝。

仍有所感，示同學諸君子以警勅之

數十年來多少話，一言受用問爲誰？【蓋有之矣，我未之見也。】
聖人自謂吾無隱，老病如今竊願之。

三月三十日作

年年長賦送春詩，春去復來如有期。
一氣流行無間斷，綠陰相代落花時。

笑士涵喜睡

知君坐睡得眞詮，不是無心也嗒然。
寤寐猶存求道志，飛鳶却喚夢中天。

四月旣望，同諸生煮蔬

此會印須女，園中花已衰。
筐蔬擷處軟，山雉執來時。
飮水從吾好，和羹與子宜。
同人非獨樂，旣飽賦《周詩》。

乍憩梅樹下

庭柯新葉長，花落香未去。
幽人偶會心，蜂蝶不知處。

端午日偶吟

空山日漸永，閒坐思無窮。
已綠神農草，方薰虞帝風。

恩懷賜衣節，老慚醫國功。
《離騷》不忍讀，何處飯投筒？

五月八日先代諱辰，起坐感懷

歸鴻斷盡嶺雲橫，青草池塘夢不成。
遙想孑然無後繼，異鄉今夜若爲情？

戲題眞像

笑問客從何處至，主翁與子似同年。
身已人扶休見怪，回看髭髮共皤然。

其二

欣然一笑共無言，目擊神融道便存。
士貴知心何見晚？從今相伴老山樊。

又詠寫眞

峨冠大帶彼何人？坐處端如泥塑然。
愧我形心長役役，從今還欲問眞詮。

其二

纖毫不似别人是，蟬蛻他時始返眞。
珍重靈臺難狀處，不知傳得幾分存？

卽事

筍輿乘興出，雨裏看荷華。
翠蓋扶來直，明珠瀉得多。
泥深淸不染，香聞遠彌嘉。
初開倍可愛，易落却堪嗟。

黃都正【瑞河】挽

名泉故宅幾追攀？磬折恭人和婉顏。
學士家中肱枕大，尙書膝下老衣斑。
風流奄隔四期後，質行當論萬石間。
怊悵舊遊都送盡，獨留衰疾在人寰。

李光州【宜祿】挽

明珠薏苡古來寃，惠政光人永不諼。

秖應天亦憐無罪，偷與林泉廿載閒。

其二

山蹊微雪憶敲門，蕭散床書雅趣存。
淸話至今猶在耳，湖雲渺渺獨傷魂。

朴承旨【聖輅】挽

感慨西宮獨拜人，少年揚立屬兒身。
承家儒素徵餘烈，處世冲虛見性眞。
待漏院中憐拙宦，觀魚臺畔泣遺民。
窮廬臥疾徒懷曩，悃側從游似隔晨。

哭朴生【宗相】

自從屛居來，憂道復憂世。
士洙忘爵祿，求仁志頗勵。
携子共讀書，勤苦數年計。
一盂脫粟飯，日中亦難繼。
君年十二三，質實爲根柢。
驥子纔動足，便有千里勢。
季文亦吾友，見之謂可妻。

揭來京洛間，餘事攻文藝。
聲譽聞稍稍，榮達期次第。
昨從謫廬回，傳書願言際。
若知成永訣，詎惜征驂稅?
別來經暑月，忽報客中逝。
父母不在傍，映睫死時涕。
魂應歸棘籬，南雲望迢遞。
寄語慰乃翁，脩短命所繫。
願勿傷孝心，瘴癘中安體。

哭崔生【應星】

松京故都多賢士，誰其最者崔氏子。
甘白之質可爲學，往歲從遊志爲己。
知爾內行本於孝，毁極居然病不起。
寒泉老子解惜才，子木相對增涕泗。
藍泉書堂寂無人，絃誦猶應聞故里。

坐聽澗瀑

草樹陰陰澗壑幽，風來左右颯如秋。
傍人莫小行潦水，不息終成萬里流。

其二

泉源初不大，得雨便作勢。
前流續後流，決裂無涯澨。
纔出牛鳴地，乃入大川逝。
涓涓成江海，千里詎迢遞？
空山不寂寥，白日天雷厲。
年年六月中，濯熱氣稍勵。
得失苦無常，且莫忽微細。

中夜起坐述懷

疾風甚雨，顚倒起予。
上天之怒，不敢戲豫。
默察此心，放僻都去。
常常自誦，上帝臨汝。

曉枕偶吟

蒸熱苦輾轉，向曉始入睡。
崩騰又澎湃，忽若秋聲至。
驚起此何聲？呼童使出視。
昨日南澗水，得雨作勢易。

尋常邱壑間，便成喧雷地。
釜淵與水簾，倉卒未覺異。
終然是溝澮，過情還自愧。

荷花盛開

窮谷無與友，出門一粲然。
亭亭數君子，佇立凉風前。
荷衣與荷佩，意契何須搴？
又有美女子，淡粧不要姸。
群居不可狎，望之但如仙。
沈歎《九歌》意，兼賦《關雎篇》。
開落任造化，流光奈逝川？

卽事

策杖度草堂前，籃輿歇古槐邊。
香氣一池菡萏，凉風滿樹鳴蟬。
詩書此身已老，崆峒妙訣誰傳？
門外流川不息，端居沈歎年年。

兒子爲安城宰，洪生雲紀偕遊詠歸亭有詩，漫和却寄

沙老留儒化，此地有高樓。
風詠懷諸子，登臨屬始秋。
野開州市逈，川抱院村流。
想像先生意，絃歌喜子游。

漫吟

誰教聒聒靜中天？數日微凉滿樹蟬。
晚來急雨如相逐，感極人心還寂然。

八月十三日樹阡表志感

平生《蓼莪》詩，鮮民不如死。
古人同此懷，蓋有歐陽子。
箕書綿花朶，何異荻畫字？
少時論相法，偶同白面耳。
有書不藉人，終未學韓氏。
曾聞瀧崗石，青光照湖水。
他山勤斲鏤，功力豈配美？
文章萬丈焰，葫蘆還可恥。

平生劬勞願，天地無窮已。
所幸未死前，辛苦僅有此。
永言貽令名，官資何足恃？
千秋輿地圖，不漏寒泉里。

曉起開窓自笑成詩

淫雨淋浪無已時，秋後始見月華淸。
曾知秋夕異他日，萬國此夜同陰晴。
老夫輾轉不成寐，拓窓起坐正五更。
但見槐陰布地長，想像星斗寒崢嶸。
天河曉色凉似水，澗瀑松籟空自鳴。
纖雲洗盡十分淨，可憐終夜爲誰明？
遙想天柱峰頭坐，測管窺天笑此生。

晬日志感

劬勞是日憶恩慈，强對盃盤秖益悲。
遶膝稚孫已漸長，携壺二弟遽何之？
敢言配美瀧崗表？准擬終身《小宛》詩。
藥餌扶將無別事，惟憂泉下恐長貽。

偶成

天上玉堂好緣業，雲邊茅屋淡生涯。
夢中詩語疑前定，坐對黃花惜歲華。
【末句卽夢中所作】

疊前韻

黃花時節閉門臥，空憶山巓與水涯。
卷裏卽看頭似雪，夢中曾有筆生華。

迎菊盆

松籟寒聲時滿聽，荷塘敗葉不堪看。
憐君自有黃中德，几案相將到夜闌。

又迎菊盆

三春過眼渺榮華，萬事乘除不足嗟。
歲晏心期欲誰問？閉門終日看黃花。

十月作重陽會，草成古風一首求和

古人卜名日，舍柔而取剛。
聖王扶抑意，於斯略承當。
陽月遇剛九，不妨作重陽。
坡山有故事，寒泉又一場。
北風木葉脫，時序邁肅霜。
相對兩花盆，歲寒獨芬芳。
寄語座中人，此意幸毋忘。

野鶴

野鶴孤雲表，長鳴有底哀？
高槐影扶疎，輪翅久徘徊。
胡從眠處過，不與醒時來？
兒童叫奇絶，老子意悠哉。

追和金生濟大【用謙】

好客逢良夜，衰翁惜逝年。
高談去畦畛，醉墨起雲煙。
小集寒燈裏，孤眠老菊邊。

朝來撫詩卷，望若古人然。

謝濟大用尤翁韻見贈

君詩吾豈敢？萬事臥床邊。
巖巖憶當座，袞袞感觀川。
澆胸有醇酒，磨迹只殘編。
大家風範在，不語意悠然。

餞菊

北風何懍烈？駸駸日近至。
盆菊不受霜，知時自憔悴。
倚枕却相憐，老醜亦此類。
草花終無力，不及大冬翠。
芬芳獨自保，香氣幸無墜。
鏖去且庇根，料理來秋事。

觀名山記，詩寄尹令景孺【汲】求和

吾聞栗里子，流觀《山海》圖。

作詩以自娛，所樂問何如？
窮巷隔深轍，耕罷還讀書。
時來會心人，歡言有酒蔬。
不知景孺家，能復有此無。
遙憐雀羅門，局促城市居。
身雖不見容，志則名利途。
座上風埃客，疇可語此歟？
不如速題面，投還與老夫。

冬暖

《月令》冬行春，《洪範》集咎徵。
近臘不見雪，履霜虛憂冰。
團扇不去手，病枕苦群蠅。
老翁頗閱世，此候見未曾。
燮理者誰子？ 蒼天問莫憑。
時憂方澒洞，屢歎中夜興。

和宋晦可追次十月重陽韻

十月寒泉會，所貴在重剛。
思矯氣質偏，取義蓋有當。

節序近閉關，天地疑無陽。
後至有良朋，尊酒懽一場。
和氣春同溫，談笑傲雪霜。
盆花已辭歸，入室猶聞芳。
珍重歲寒期，努力無相忘。

喜曙

天寒夜長睡不着，東方明星問如何。
虛室中間自生白，重重屏帳不能遮。

其二

海上金鷄鼓翼鳴，誰敎不已到天明？
同聲萬里如相和，默見乾坤感應情。

至日同必玉觀梅得心字

地底微陽積，辛苦排群陰。
年年子之半，推盪無古今。
萬物寂未生，消息窅難尋。
古人何所況？淡味與希音。
不有梅花發，那見天地心？

朋來幸無疾，次日方成臨。
傍花讀羲《易》，對酒憶回琴。
沈嘆三字符，非仁孰能任？

梅下作

花知看好半開時，氣化流行奈莫違？
始終道理要當懼，多事堯夫惡盛衰。

贈別金士彬【文行】海州通判

石室大節軒天地，淸白猶堪遺後人。
【先生淸白爲大節所掩，故表而揚之，以勸子孫。】
別時愁聽臘月雨，去後行看百里春。
好將高山九曲水，淨洗地部十年塵。
賦歸之日吾差健，且向谷雲相主賓。

用李一源【秉淵】韻，寄題李奉朝賀【秉常】小歇亭

高臥聽鐘漏，朝市便山林。
性拙自淸致，地偏猶遠心。

名仍吾輩設【郊西小樓，亦同此名故云】，意覺古人深。
郭外少塵事，應無車轍尋。

敬次仲舅恩歸亭八恩韻

長歌數曲《感君恩》，江上高亭首揭恩。
孤忠欲追先王恩，進退以道方酬恩。
身後哀榮罔非恩，兒還挈海亦殊恩。
當時每飯必祝恩，子孫世世敢忘恩。

贈別金姪士修【敏材】

西浦賢孫在，窮愁一布衣。
天教進塗晝，日照覆盆遲。
不學更何事？藏身且待時。
却憐情緒苦，三歎《渭陽》詩。

梅花下喜鄭魯源至

花開十日若相須，空谷生芻食白駒。
鳳溪自有梅千樹，君未離家落盡無。

二十日出外舍，觀都護兒至，仍問訊梅花而歸

子舍華茵忽改觀，石家遺法整衣冠。
臨歸且問梅花信，爲愛淸香駐足看。

嘲梅花

山中宰相本淸高，一夜轅門擁戟旄。
知爾托根爰得所，有時塵氣不嫌遭。

臘日

悠悠百感屬窮年，每遇玆辰倍愴然。
四海誰知朱氏臘？一區惟戴大明天。
毅皇墨揭奎同煥，《麟史》心傳日共懸。
尤老遺書三十卷，負來辛苦歎君賢。
【是日李曄負《尤菴集》而來故云】

曉聽李君晦甫誦杜詩《夏夜歎》

玆詩授受十年前，離合悲懽共惘然。

正是嚴風號栗烈，何如炎熱苦纏綿？
夜分長短交臻極，月有圓虧也獨懸。
無奈四時回換去？古人憂國倍相憐。

又至梅下時除夕

與爾馨香德，當玆栗烈威。
《離騷》偶見漏，松柏可同歸。
已覺三元近，那堪一片飛？
先春歲歲約，到老莫相違。

除夜口號示諸生

屠蘇序齒盡佳賓，知是東西南北人。
節序迎來仍送往，工夫從故更知新。
誰將孤燭遲今夜？却喜寒梅已上春。
少日耽詩餘習氣，醉中揮筆尚精神。

元朝又至梅下【丙寅】

春光依舊到山居，詩債年年動有餘。

此樂世間誰識者？梅花香裏讀《關雎》。

肩輿又至梅下

古人詠梅花，讀《易》或相誇。
而今取《關雎》，此意云如何？
老我不能言，何由發咨嗟？
詩道貴溫厚，歸宿思無邪。
斯詩樂不淫，國風無以加。
洋洋正滿耳，不須三百多。
古樂雖云缺？用之鄉飮歌。

逐日到梅下

天生百花有開落，開後元無十日久。
池荷盛衰朝暮間，桃李繁華片時有。
嗟爾稟氣最貞固，馨德經年長自守。
陰中初共一陽生，暖律仍隨大寒後。
貞元之際萬化軸，一理分明爾偏受。
老夫日來不辭勞，座上客滿尊有酒。
直須看到上元間，不知早花誰繼否？

題春帖

自罷君親祝，頻傷是日廻。
老爲兒孫請，題詩却自咍。

其二

凍雪陰崖次第融，草芽潛動識春風。
老翁扶杖誇身健，暖日昭蘇共蟄蟲。【屬己】

其三

念汝成人久，人事尙未成。
接物先平視，應人不大聲。
溫恭謹朝夕，辭氣去歉盈。
科名非所願，自勉勿忝生。【屬木】

其四

平居勿說病，年長宜嗜書。
客氣麤豪甚，從今一埽除。【屬禾】

次金君叔居【維寬】韻自嘲

平生惡人語，鶻突不分明。
閑默抱玆病，還他月華淸。

夢贈畫者

笑指生涯月一船，依俙坐我畫中天。
鳴榔下瀨勢難住，回顧流年兩惘然。

朝起偶吟

梅花落後更無詩，春草齊生人不知。
林表鳴鳩初喚雨，山翁睡足未興時。

朴士洙自南海蒙宥還，過路一宿，吟夜闌更秉燭，相對如夢寐之句，仍有作

天敎逐客共春還，言路從今不復艱。
也知聖渥深於海，佇見高名重似山。
出網初疑生羽翼，近床方喜宛容顔。
庭梅開日留佳約，秉燭相看怳惚間。

和士洙留詩

法堂依舊草將深，病甚多慚枉士林。

老子閑來惟漫興，逐臣歸路更懷音。
江山護汝能勝昔，藥餌扶吾得至今。
素業詩書溫習地，終須聞道契初心。

夢食仙桃，覺來香猶滿口

夙有崆峒願，身衰氣尚豪。
仙人憐我病，一笑賜蟠桃。

李處士【光益】挽

星山華閥舊簪纓，鄉國猶存善士名。
力稼元知勝肉食，教經何必羨金籯？
還眞不愧全吾性，致禱胡無感至誠？
强把哀詞寄孝子，病懷悽切望新塋。

金滎川【令行】挽

歲月滔滔老我曹，聞君長逝便號咷。
暮年落拓初誰料？少日才調大抵高。
談論時令孝伯屈，詩篇屢被淵翁褒。

白門同研渾如夢，臨穴慚違走一遭。

聞是日行習操，寄都護兒

兵氣欲成虹，春寒天又風。
書生一款段，都護好青驄。
聖代衣袽備，王畿戈甲雄。
欽欽終日意，相勖有詩筒。

其二

何須學兵法？頗、牧出詞林。
一洗儒酸盡，方徵聖懼深。
鼓行不愆步，醪飮貴同心。
報國都輸汝，素餐慚至今。

李丈【衡佐】挽

病裏緣公未廢詩，如何慶弔遽相隨？
康寧好德元稱福，畢竟歸全自有時。
衰涙幾傷投杖老？變容猶喜勝冠兒。
溪山春雪深三丈，一往靈車無返期。

李奉事【聖興】挽

陰厓之後近凋枯，公道世間嗟絶無。
老歲乍看人吐氣，微官還被鬼張弧。
梧楸小屋穿花訪，松筍香醪隔嶺呼。
來往風流成寂寞，哀歌題寄淚緣鬚。

酬愼可象【爾儀】

吾非茂叔子初平，老歲謙謙不自盈。
惻怛誠心未易得，推研義理豈難明？
深慙促促踵常道，還笑期期談古經。
詩句能尋千載意，窓前草翠雨新晴。

夕惕軒對酒遣興

春陰漠漠弄新晴，滿地落花閒愁縈。
林深白日時見鹿，山寒三月未聞鶯。
投轄慇懃留好客，開罇怊悵憶病生。
可憐書社同僧屋，童子門前慣送迎。

和可象、平仲酬唱韻

人在春中未識春，元來天自不違人。
渾然惻怛無私累，反顧吾心卽此仁。

【此詩偶說得仁體，而若不論下手處，無以求仁，故復推而廣之。夫仁者，如乾之統坤，仁則義禮智盡包其中，故曰善之長也，而其發於行則爲孝也。蓋仁有全體之仁，有一事之仁，全體之仁，初學未可遽言。日用之間，以孝爲先，而事事皆以當理無私心爲歸宿，則於此可知其仁與不仁，不仁者去之，仁者存之，若推其極，天地萬物爲一體者，亦不外是矣。此與夫子答子貢不論博施濟衆，只言恕者一般，做工夫當如此矣。《孝經》之語孝曰"推之四海而準"，夫孝，仁也。故孔門諸子皆以求仁爲事，初則日月至焉，漸至於三月不違，其始於利而期於安，循循有次第，所謂仁以爲己任者此也。故愚嘗有詩曰"《論語》書中字字仁"，讀《論語》者若不知此味，卽與不曾讀相似。閏月十六日又書。】

贈玄君子敬【命直】

寂寂落花雨，草堂春日遲。
相逢竹林客，細論石室詩。

辛生【聖任】挽

蟬聯評事後，羈旅白頭時。

埋劍嗟誰識？懷瑜漫自奇。
有書憐我疾，無力救君飢。
攬涕仍題挽，遺言知乞詩。

李處士【奎臣】挽

如公德學世幾人？洙、泗源頭見道眞。
顔夭憲窮嗟獨萃，聖門餘慟又今辰。

其二

高潔其姿又獨行，當今夫子是徐生。
莫言潛德無人識，青史留傳處士名。

其三

衰老常慚尸講茵，斯文何幸有斯人？
黌堂自此虛賓席，減却儒林一半春。

柬金濟大

法堂三丈草深時，絃誦寥寥晴晝遲。
歎息佳期中道改，老婆心切有誰知？

哭柳進士【乘】

並世而生七十年，相望有若古人然。
願切識荊千里隔，愧深責沈屢書傳。
遜翁墜緒於誰問？奇老云亡爾獨賢。
水月高亭却無主，登臨異日涕洳漣。

寄詠望遠臺佳游【臺在隋州海上，兒子與崔生善初同遊。】

高臺臨海口，故時朝天道。
歌曲至今悲，空潮自暮早。
中華百年戎，醉天今亦老。
浩歌魯連子，慷慨思一蹈。

作花糕會，口呼示諸生

花糕非不美，咀嚼信知難。
然後方知味，於書可反觀。

旱極得雨，其喜可知

田家無麥易成飢，好雨連宵慰怨咨。

降澤初無擇高下，將田非敢較公私。
極知喜怒皆中際，正是天人合一時。
臥念《西銘》兩句語，通身融貫却堪思？
【朱子云：“向要到雲谷，自下上山，半塗大雨，通身皆濕，得到地頭，因思‘着天地之塞吾其體，天地之帥吾其性’。時季通及某人同在那裏，因各人解此兩句，後遙邐便作《西銘》等解。”○ 曉起聞雨，喜曰：“天之下雨，吾之喜雨，均是一箇公心。由是充擴，隨事皆如此則其庶乎！”遂成一律，呼燭而書之。平仲見之曰：“此仁也，願粘附於向示仁說之下。”】

山扉

山扉晝掩宿雲傍，獸迹縱橫草欲荒。
滿地桐花人不埽，應緣過麝更添香。

李生【命赫】挽

我李本零鮮，敦親無遠近。
仲浩起西陬，力學能自奮。
君則難爲兄，均承義方訓。
往往歌《鹿鳴》，屢屈心無愠。
身雖違束脩，志不恥敝緼。
吾兄忠信人，守義貴安分。

業家而無忝，於君見遺韻。
琴彈有餘哀，鬼伯乘厄運。
積善胡無報？天理不可問。
膝下四丈夫，餘慶猶有蘊。
廢學不自振，居常心所隱。
哀歌望栢寺，淹疾涕獨抆。

贈白生【東顯】

矗石樓前江水流，忠臣怨恨幾時休。
山川一望何雄拔？形勝東南古晉州。

其二

君從此地墮爲人，千里求師志在仁。
拘曲元非君子學，他時報國且忘身。

安生如松【宗茂】來留數日，將歸請曰"從遊之久而獨未蒙先生賜詩，可恨也"。遂草贈一詩

方今流俗近楊朱，從古能言乃聖徒。
自笑吾迂不量力，秖應君更甚於吾。
【仍記向年嚴教時，親舊多勸以謝遣學徒，故以詩謝之曰："讀書三十年，

或恐爲楊朱。"】

詠棗樹

方春敷榮時，百卉競相好。
無花晚生葉，沈晦獨爾棗。
中含生生意，外則似枯槁。
秋熟最居先，赤心長自保。
譬如魯也人，聞道終則早。
宜爾君子類，見取於此老。

夏至

端居觀物化，妙處消長際。
赤日行天地，矯矯五龍勢。
此時重淵底，兆眹若微細。
聖人視羸豕，躑躅患難制。
直到剝廬後，辛苦關還閉。
文明昧謹獨，此理孰堪諦？
持作終身戒，常如對上帝。

端陽

上墓輸兒輩，臥牀空件形。
野徑誰相掃？巖扉獨自扃。
病兼詩不健，愁共酒無醒。
小雨花心斂【花指芍藥】，深山草氣靈。
琴書依講社，椒扇憶宸庭。
百感悠悠地，光陰不少停。

見電寓警

纖毫失謹獨，神目動如電。
造次曷敢忘？出往與游衍。

寄題玄君子敬尋初齋

漁釣生涯晚覺非，月山溪瀑倍光輝。
知君淮海猶豪氣，千仞崗頭一振衣。

兩池

上池無所種，所見但清水。

下池種芰荷，花葉何其美?
葉生暨花落，一一摠堪視。
不言自成蹊，還羞比桃李。
水哉顧何取? 去路空邐迤。
無人一來顧，蕩漾天雲裏。
世情逐芬華，至人惡成毀?
拄杖空歎息，與誰話此理?

六月初一日，若將大雨而不雨

渾天全似墨，大雨若飜盆。
霹靂虛生勢，歊炎莫解煩。
神靈也難測，行止詎堪論?
忽念皤然老，如何報國恩?

肅廟諱辰，以詩志哀

長恨人間褥蟻遲，白雲遙向帝鄉悲。
淫霖六月何曾斷? 却憶千官雨泣時。

其二

香案微臣雪滿頭，滄桑閱盡尙千憂。

雷厲風飛舊辭令，此生快覩更無由。

夕復至沼上，荷花盡斂

朝開夕還斂，芳心獨能持。
《大易》嚮晦義，淸通君自知。

夕陰坐槐樹下

槐陰覆中庭，淸蟬朝夕鳴。
朝鳴苦熱極，夕鳴喜凉生。
病夫觀物化，日據胡牀聽。
年來欲無言，默默以自成。

終夜聽雨

一雨連宵苦不收，蒸炎此去也應休。
怨咨尙有南方暵，旱澇均爲北極憂。
天地於人猶有憾，生成他日詎無秋？
巖泉忽作風雷勢，同入前川滾滾流。

立秋示同志

自從三十歲，學孔長誦立。
朝暮且七十，此學猶愧立。
天時迭代序，秋節忽警立。
心焉倍怵惕，顧眄如有立。
惟義與仁對，人道由玆立。
浩然此一氣，集來庶幾立。
嗟我二三子，勉勉早自立。

其二

小兒纔學步，笑我不能立。
我雖病無力，亦能如爾立。
步而適千里，方可謂之立。
爾旣不能彼，同是不能立。
小兒幸無言，未辨立不立。
日息與日消，老壯難兩立。
前頭千萬里，吾當讓爾立。

出洞偶吟

肩輿出洞少遲留，一夜前川已殺流。
雨過牛坡草新盛，日斜蟬樹徑增幽。

兒孫漫濯滄浪足，老子虛橫野渡舟。
閑裏往還惟適意，未來憂患儘悠悠。

詠扇

憶昨苦熱時，頃刻不相去。
際玆凉風至，已不知其處。
秋蠅忽來集，顚倒復思汝。
匪人殊愛惡，維天代寒暑。
得時毋自驕，失時毋自沮。
區區景春輩，丈夫何足語？

終夜大雨，澗響甚壯

晝夜空山道，風水相發揮。
靜裏却生鬧，此理本精微。
窅然觀大始，至人庶同歸。

伏聞上候平復，今日陳賀

朝日曈曨雨乍歇，遙知冠冕簇庭班。

畎畝微臣自詒阻，恭將《天保》誦南山。

待鷄，鷄不鳴，枕上口占

雜念來無端，如夢相纏繞。
鷄鳴一破除，獨有此心皦。
中夜一氣神，吾聞楚澤老。

其二

簷鷄苦多睡，往時鳴則早。
豈汝廢天職？我自心慅慅。
天地無長夜，時至自當曉。

渫井

洌彼寒泉水，可食人不食。
井德本無遷，澤物乃其職。
一夜山中雨，泥沙忽來逼。
此時正可渫，防修費衆力。
斯須盈活活，爾性淸而直。
早晚幷受福，何用我心惻？

書徐孫女嫁時屛

昔年同閈好，今日復爲昏。
婦人不取色，家內貴無言。
聰聽于爾祖，庶不忝吾門。
勉勉持恭敬，因之及後昆。

示兒孫

余昔八九歲，性拙力又脆。
足不下堂除，履地如恐墜。
盡日困書冊，小心免撻箠。
往往得秋實，無暇可嘗味。
今余不汝禁，讀書還餘事。
蓋養食牛氣，留待展驥地。
然亦非家法，書以示童稚。

李正郎【宜炳】挽

風樓棠寺舊題詩，先契依然講至斯。
水部官淸無俗累，花郊地近慣追隨。
庠虀尙許供朝士，晉筆何能救夕飢？

恨失一觴成永訣，他時阿季涕同垂。

卽事

常時不廢味爽興，病來勉强到窓曦。
皤然出房老孟光，擧案依舊齊其眉。
四十年來偕隱歌，所樂云何惟縞綦？
登盤赤鯉長尺餘，繞膝群兒爭朶頤。
老夫胡爲獨未食？却憶少年口美時。

詠李處士【卽公履名行祥】

吾鄕士友誰最者？云是少年處士李。
道心一損朴君劵，科事兼爲妻子累。
十日工夫貴得師，將向西南謫宦裏。
堂中大人志不苟，指揮惟有先生視。
家貧猶可辦書糧，留使連年左右侍。
欒共訓語古雖有，千載實踐惟見爾。
一日少離手如失，十年謹愼心不貳。
啞夫暗中書小字，微君莫能通其意。
鄕中公論咸稱奇，天爲陶菴生此子。
昨日都下設監試，人人奔鶩空村里。

爭冀行險以徼倖，縱使得中亦徒耳。
末世滔滔揔流俗，爲利攘攘走如水。
君能超脫濁浪中，燕雀焉得鴻鵠比？
抱羞讓頭不出氣，笑彼洪、崔諸進士。
木、禾數子何足云？終夕掘井不知恥。
老我出身無補時，視汝早透能無愧？
但汝素性鈍而嬾，立志不强難遠致。
霜曉窓外苦呼寒，篝火燈前動和睡。
南陽處士眞可戒，視爾尤少今暴棄。
作詩褒善且勸學，病中此意君須識。

八月二十六日夜，夢尋雪嶽庵，不識新徑，到鳳頂而還。覺來有詩書出，士元書適至，却寄求和

兪泓窟畔舍輿行，鳳寺前程半百嬴。
菴戴孤巖危欲墜，崖懸雙瀑匯仍渟。
上方宿處生林木【有寺皆廢故云。】，緣澗休時辨壑名。
今夜夢遊差一快，暫離塵殼覺神輕。

贈公履

商也由來戒色難，少時春帖在心官。

今朝贈汝終身佩，歸去親庭要驗看。

使洪子容讀合啓聽之有作

素信乾坤陽未亡，況聞天定勝人强。
煩君深夜挑燈讀，意快渾忘病在牀。

初十日

恭惟皇考以降辰，肅霜之月氣絪縕。
白酒黃花昨日是，長歌短詠昔年陳。
縠紋神穴地呈瑞，玉種良田天報仁。
朝夕瞻依廿載事，他時山足永歸身。

李掌令【行敏】挽

石灘之後子爲賢，一識荊州記往年。
素性耽詩仍世業，青山近宅是遺氈。
功名得喪何關我？邪正從違不忝先。
早晚同庚重約會，那堪此老又黃泉？

林醴泉【象台】追挽

先人疏宕少物欲，遇酒微醺業所嗜。
登盤美肴桐華洗，正好初寒微霰時。
兩家新釀誰先熟，惟有弼卿可共玆。
伯父五婿林其中，贅館半世不曾離。
異爨何殊同室居？從遊昕夕常怡怡。
平陂閱歷十載間，場屋鉛槧亦追隨。
黃壚一灑斷絃淚，語言尋常作酒悲。
吾兄長余堇十歲，童時小字曰沙彌。
奇事壁土能已疾，至行孝悌出天彝。
自言吾是外家人，偏黨不一出言辭。
戊子之春自南還，客裏數月遘癘危。
旅村冷落誰相問？朝暮頻繁養疾資。
吾家情好自應爾，感激終身誦恩慈。
出郊以來稍疏闊，入城未嘗不候之。
吾姑見我色敷腴，歎息舊事爾能思？
壁藏無時不貯酒，手酌與之垂涕洟。
吾兄兄弟時在側，深愛愉婉老萊兒。
往事歷歷心內存，有時追惟一夢疑。
方中同事詎可忘？醴泉去路仍長辭。
孝子涕泣求我詞，情所不已何辭爲？
辭繁不殺自有意，微此後生那得知？

林佐郎【象奎】追挽

爲己爲親事則均，斯言斯理孰知眞?
萊衣繞膝常愉色，毛檄違心亦謹身。【不求卽所以謹身也。】
墻東自喜成高隱，巷北飜嗟失德隣。
白頭荒野空垂涕，難見塵中如玉人。

喜金姪士修兄弟來訪，詩以勉之

幽獨深知搖落哀，黃花不枉九秋期。
攲枕孤對兩脉脉，怊悵無人問所思。
眼中忽見意中人，呼燭相看夜何其?
老我病甚不能言，情愛所發形於詩。
西浦孤忠同屈原，騷家千古有餘悲。
乃慈之行吾所記，溫溫恭人惟德基。
皇天報善有遲速，不食惟應福諸兒。
如何窮厄不自保? 飄泊驪江年屢移。
壬寅慘禍不忍說，何事身後多詆訾?
【同是禍家人，吾意獨憐之。】
傳聞討逆公論張，天定勝人今乃知。
筵中有擧乙逆者，自上特問推戴誰?
此是是非大頭腦，覆盆回照必由斯。
人生窮達自關天，射隼高墉亦何遲。

官塗榮進特小事，忠孝家聲貴無隳。
及此閑暇尙可力，惜玆歲月宜孜孜。
勿以江居作便安，視同海隅編管時。
顧我一疾苦無聊，陶寫性情詩能爲。
曾托刪後速寄來，用作閑中消遣資。

臥念士元騎牛之行

秋風吹客袂，黃葉滿歸程。
獨騎牝牛去，誰知驄馬行？
且喜聊從好，何嫌笑近名？
浮榮身外事，谷裏戒騶鳴。

和士元留詩

相逢無俗語，梅菊是雙淸。
歲色霜凄冷，行愁雨滿盈。
沈淹此貞疾，勉戒荷眞誠。
所憂學不講，德性何由明？

黃菊下贈別士元

空山風雪亂交斜，坐對孤芳惜歲華。
病似老僧長入定，學慚行子自歸家。
幸天好作留賓雨，知爾羞爲欲語花。
同臭須從言外會，後凋心事各無差。

勑侍者

曉夜人扶坐，蒼黃易去冠。
無令幽獨裏，增慫管幼安。

崔生【祏】叔固歸自南塘，盛道講說，聽之有作【南塘卽韓掌令元震所居】

德昭豪傑士，往昔擧于海。
自有累世好，幸又生間歲。
到老不一識，意見知相戾。
秋間崔叔固，過我告南逝。
聞是雄辯人，子將何以說？
欲令大議論，歸一立談際。
知君大力量，且恃明見解。
然亦不易事，自信或太銳。
徧交諸君子，資益亦不細。

留連數月歸，問疾復來稅。
初學於先進，推遜乃其例。
得無或失言？旨意願深諦。
蓋聞心性間，過占氣分界。
偏全作本然，氣質當心體。
難將一寸莛，敵得千勻勢。
和者僅一二，不合難數計。
千萬極不是，栗翁說得快。
外此宜未敢，恐亦坐亢厲。
義理天下公，偏見難拘制。
此事非可法，宜作反身戒。
濯舊以來新，永言願自勵。
況聞狀師德，以是爲關棙。
蓋於本說外，推演謂善繼。
尤菴及遂翁，傳授有次第。
自誤還小事，貽累豈不大？
吾道本衰敗，論議又不齊。
客去私自識，蓋亦憂衰世。

從徐別提【宗華】聞故里親舊家太半易主，感歎有作。徐是城西里中人也

東西門巷憶經過，問舊驚號易主多。

惟有古槐疏冷地，國存與共是吾家。

【近俗喜斥賣家舍，士大夫鮮有世其祖先故家者，此恐非國家福。吾家家法一定厥居，輒皆世守故云，後承不可不知此意也。】

生朝志感

庚申吾以降，是日我爲人。
絪縕五行氣，主宰一團仁。
徒忝三才象，虛經六十春。
無時不戒懼，體受始全身。

贈李生【增○後改名赫】

九歲斷指者，眞堪礪衰世。
殆近一點明，足驗性根柢。
於此推將去，方爲活孝悌。
千萬勉學意，先須識仁體。

望日初起始講

病翁初起去牀塵，直月跪前書冊陳。

若可讀書依舊啞，頹然一笑復皷身。

志懷

歲暮窮陰百感深，孤花相伴在山林。
虛堂寂寂諸生去，講罷隱然金石音。

曉吟

窮山寥落夜何其？正是鷄鳴未鳴時。
收拾吾心此爲要，虛靈田地復誰窺？

贈金伯眞【樂道】

白頭臥邱壑，朝廷任是非。
居鄉十九載，幸得一士歸。

陶菴集

卷五

疏

疏

呂必重誣詆後辭檢閱疏【甲申】

伏以臣猥以謭蒙，忝叨科名，犯不幸之戒，招盈滿之忌。乃於發軔之初，慘被罔極之誣，下之玷累身名，上之貽辱朝廷，理宜絶意榮宦，以盡自靖之圖。而竊自謂人言虛罔，天鑑孔昭，横逆之來，自廢無義，兼又徑窄而難於轉身，性愞而素無定力，遂至感激恩私，怵畏分義，瞻依日月之光，周旋禁闥之間，而餘悸在心，寢夢靡寧。日者臺議又起於數歲之後，玆事是非，只當付之公議。而臣之狼狽顚頓，於是乎益甚，始覺險塗難盡，駭機可怕，雖悔其容易一出，而亦安可及也？

臣以滓穢之賤，又積逋慢之罪，幸荷寬恩，止於罷官，惶隕雖深，私義粗安。不料牽復之命，遽下於一旬之內，庚牌繼降，惝怳悶塞，逃遁無所。臣雖愚迷，誠不欲再玷清要，重速蹎仆，以致喪廉隅而羞當世。伏惟天地育物，咸均覆燾，父母愛子，必思保全，今臣疾痛之呼，或蒙聖慈之矜諒。玆敢趨詣闕下，仰暴情實。懇乞亟命削臣職名，仍覈科事之虛實，設以言者之言爲不實，亦願許臣自處，勿復檢擧朝籍，以卒生成之澤。臣雖粉骨糜身，其何以報聖恩萬一哉？臣無任屛營祈懇之至。

藝文館請還收傳禪備忘箚【乙酉】

伏以臣等昨陳短箚，顒竢兪音，及奉聖批，諭之以決難允從，抑塞涕泣，尤不知所出。連章瀆浼，亦甚惶猥，泯默一日，方寸如灼，玆不得不更申愚衷，以冀萬一之察納焉。噫！古之聖君，必稱文王，而厥享國五十年，非不久也；至日中不遑食，非不勤且勞也。且以武王爲子，夫復何憂？而迄五十載之間，未聞有禪授之擧者，豈不以心在於宗社萬民，不自知其勤苦也？今殿下憂勤誠至，而未有加於至昃之不遑；御極多年，而猶未及乎五十之享國，乃欲爲文王之所不爲，甚非平日所期於我聖后者也。

竊覸聖意槩以疾病爲憂，調養爲急。臣等久侍香案，屢聆天語，固已審夫聖躬病源之不淺，區區憂煎，豈有窮已？而第惟殿下雖有一時愆度，天地神祇之所隲祐，億兆生靈之所禱祝，自當有勿藥之喜，顧不足以勞聖慮。而至若受病之本，則殿下能反而求之，恒若曰“我誠有病矣”，而其不能耐煩者，抑由火勝而不能制心歟？平思靜慮，湛如止水，物來順應，無所沾滯，則萬幾之煩，自不足擾吾靈臺，節宣咸宜，天和日臻，無疆之慶，於千萬年。如或少忽焦火之戒，不念省慾之工，此心難持，此病長存，則雖超脫於事爲之外，端拱於燕閒之居，亦何益於頤精嗇神之道也？殿下頃以本無治心之工爲敎，此固出於聖上自謙之辭，而醫疾之方，應物之道，捨治心而不可他求，則玆豈非殿下勉勵處耶？

嗚呼！殿下所處者天位也，所受者祖宗之付託也，非如匹夫庶士徑情直行者比，雖欲自輕，烏可得乎？况中外臣民之戴恩含戀號呼不止者，不翅如乳兒之失慈，以殿下子育之仁，亦胡忍邁邁不顧耶？殿下幸於靜攝之餘，穆然深思，則庶或有不移晷而飜然改圖者矣。伏乞聖明亟允羣下之請，以副神人之望，宗社幸甚，臣民幸甚。

辭奉敎疏【丙戌】

伏以臣病甚解官，任便調息，頌祝天恩，河海莫量。不意聖明特加記識，不日而有叙復之命。適臣有事，薄出江郊，至令庚牌虛辱陋巷，臣誠感激驚悸，不能自定。卽宜竭蹶祇謝之不暇，而第臣重觸風威，寒疾猝作，委仆床簀，證情濱危。旬日之內，決無束帶趨朝之望，虛帶職名，晷刻靡安。且臣竊有悃愊之私，不敢自外於仁覆之下，仰首哀籲，以聽明命焉。

伏念臣年少顓蒙，識蔑才淺，本不足以立朝從仕，而忝塵史局，倏焉四載。點檢後前，無一報效，惟是積汚衊之恥，費拂拭之恩耳。然猶屢蹟不止，因仍至今者，直緣徑路甚窄，轉動不得，雖欲自靖，其勢無由。今幸新薦得人，館僚備員，如臣無似，無所輕重。及是時也，得以退步於榮利之塗，斂迹於閒靜之地，覃心修史，餘暇讀書，待臣年稍壯、學稍優、識稍長，始出而仕，猶不爲晩，區區衷懇，本自如此。向者遞罷，不但爲一時疾病之難强也，適値同僚起鬧。柱史一空，甄錄之恩，混及於臣。臣若因緣幸會，盤礴自如，長縻華銜，徒費廩粟，則是臣上孤聖恩，下負初心，實非私義之所敢出者。

伏惟天地至仁，陶鎔萬物，如蒙刊去仕籍，許以長暇，曲遂微願，如上云云，則自今至死，何莫非報殿下之日也？敢望聖慈憐臣疾勢，察臣情素，亟命遞解職名，獲安私分，不勝大幸。

兼說書陳所懷疏

伏以臣以顓蒙，久忝邇列，近又兼叨胄筵之任，榮耀已極，報答全蔑，居常愧懼，如負大何。竊有憂愛之忱，略效一日之責，冀聖明之留意焉。

惟我春宮邸下，聰明天錫，睿學時敏，經書史乘，講習殆遍，駸駸乎日就月將之域。而自去冬以來，連因嘗藥之憂，書筵頻輟，有識之士，固已有一曝十寒之歎矣。向者眼患復作，本院有起居之禮，而不日旋止。意謂勿藥奏喜，開筵有期，而荏苒旬月，迄未有聞，臣未知此何故也。夫阿堵之病，大妨看字；學問之工，最忌作輟。如或昔疾未愈，則醫治之道，不容少緩。苟其不然，亟宜趁此春和，溫習舊業，而旣無命醫議藥之擧，又無趁日開講之令。禁闥深邃，莫詳厥由，咫尺省院，憂菀徒積。

噫！朱夫子有言曰："近世帝王教子之法疎略，僚屬具員，而無保傅之嚴；講讀備禮，而無箴規之益。朝夕所與出入居處者，惟宦官宮妾而已。"今春宮進德修業，惟此時爲急，而不但無保傅箴規之益，乃并與僚屬講讀而闕之，其疎略甚矣。然以春宮平日勤學之誠，必無無端廢講之理，臣知其必有以也。仄聞春宮自前或有違和之時，只令醫者診察，不令外知，藥房無由問候，宮僚不得詳聞，今亦或有是否？夫聖人之於疾，必致愼焉，至列於齊、戰之下者，其意可見。設有無妄之疾，固不可忽之，亦不必諱。

今以經旬廢講度之，竊恐愆度之彌日不已。審如是也，攝養保嗇之方，藥餌鍼焫之功，宜無所不至，以盡夫聖人愼疾之道。況眞殿動駕時闕外迎送之禮，亦且隔日，不可以風，則亟令權停，是在殿下之指教耳。如以一時諐度，非係大段，不必藥餌鍼焫之爲，則古人所謂"一日廢學，有一月之害；一月廢學，有數年之害"者，亦是今日之所當戒者。由外而觀之，有廢學之憂；由內而言之，有諱疾之慮，此臣所大懼者也。凡匹士之愛其子，有疾則醫治，無疾則勸學。今以殿下止慈之仁、惟憂之念，豈不加意於此耶？且治病之要，必先靜一心慮，宣暢湮鬱，不亶在於醫治之末。若令臣等時時入對，便服燕居，討論從容，使得以治心之說，仰裨節宣調養之功，則其於將息之節、溫繹之工，實爲兩便而俱得也。伏願殿下深留睿思，夬降明教，以慰羣下抑鬱之情焉。

抑臣又有𦋺𦋺之餘懷，不避僭猥，冒陳于下。竊惟殿下深宮燕閒之中，教導訓迪之方，固無所不用其極，而然念古昔先儒論唐太宗之教太子，有云"遇物而誨，不若以躬而誨"。越我世宗大王嘗召東宮僚屬，責以輔導，又諭之曰："予平居未敢有過，欲令世子無過。"聖謨嘉言昭垂百載。夫殿下一動一靜一言一行，無非爲世子法者。臣不敢知殿下燕閒訓迪之際，果能無愧於聖祖無過之德，亦能有得於先儒躬誨之訓歟？近者玉候平復，亦旣多日，天氣和暢，晝漏方永，而尙未見廈氈之一闢。臣固知殿下閱月違豫之餘，姑不暇及，而若其法講之停，則槩已久矣。夫以殿下光明緝熙之學，無待乎一二講官之資益，而不自滿暇，聖人所訓，則衛武之九十誦詩，豈非殿下之所當法者也？况春宮春秋方富，學業向茂，尤當以大禹之惜寸陰，孜孜加勉。而今也兩筵停輟，經歲踰旬，玉堂、春坊幷作閒漫之官。遠外傳聞，未諳曲折，疑惑吁歎，當復如何？

《書》曰："啓佑我後人，咸以正罔缺。"又曰："爾身克正，罔敢不正。"誠願聖上上遵家法，下稽格言，謹疾病之源，必自聖躬始；勤學問之工，又自聖躬始，以至於動靜事爲，無一不出於正，則方可以光先王之德而貽燕翼之謨，豈但如唐宗誨物而止哉？至若薰陶輔翼之術，前後言之者甚多，臣不容縷陳，而亦願斥去如臣蒙陋者流，另選端方有識之士，以責成效，是區區之望也。臣適在直廬，不勝深憂過慮，敢恃聖明，妄言及此，臣誠死罪。倘蒙恕察，或賜採納，則不獨臣之幸也。臣無任激切屛營之至。

獻納論事疏【己丑】

伏以臣竊念國家置諫爭之官，司耳目之責，上而匡君德闕遺，下而論時政得失。得其人，則朝廷之上，風采立變，不得其人，則言路絶而職事隳矣，顧不重歟？如臣疲懦，百無一堪，見識蒙陋，不足以別是非；誠信素淺，不足以孚上下，雖欲殫心竭慮，刺口論事，固無以裨益朝政之萬一。而殿下旣不以臣爲不肖，授以言責，臣若媕婀容默，不思所以少塞一日之責，則臣之負殿下大矣。玆敢不揆僭妄，以效區區願忠之誠，惟聖明矜其愚而試垂察焉。

嗚呼！今之國事，可謂岌乎殆哉！災異荐臻，訛言沸騰，民怨日深，人心日離，疆埸有啓釁之漸，邦內有土崩之形，環顧中外，無一可恃，此不待智者而凜然寒心矣。况殿下宵旰之中，念及於此，其何以爲懷耶？夫人君臨乎兆民之上，處於九重之內，心術之微，若不可自外推度，而其著於外者，有不可掩。臣請竊附於格王正事之義，冒死而悉陳之。

臣竊覸殿下有聰明睿智之資，承惟精惟一之訓，凡於涵養操存之要，固已講之熟矣。第其義理之公，常奪於偏係之私；躁暴之病，輒發於喜怒之節，執德不固，作事無漸。諛言易入而多惑，善端乍萌而旋晦，疑生於臆逆，過成於好勝，展轉激惱，病根益深。殿下自治之工，旣不得其道，則其發於心而害於政者，豈可一二數哉？先儒以嚴宮禁正近習爲內治之第一義，目今嬪御之列別置私第，丘史之賤闌入淸禁，梱閾不嚴，出入無防，外言之入，內言之出，已多識者之深憂。而掖庭小隷橫於街巷，閹寺騶徒擬於宰執，有若人家家法陵夷而豪奴悍僕無所顧畏者然。　其驕肆之狀，又不啻兆見而已，殿下宮禁之不肅，近習之不正，可知矣。自古貴介公子，率多失之侈泰，未有困於窮餓。今宮家所乏者，豈良田美宅？而洛中甲第，相繼折入，各占數區，無有限節，至使强買之譏上及聖朝。向日折受査罷之擧，實光聖德，而覆奏之際，旋有所靳固。

噫！近年水旱饑饉，百姓之顚連道路者，凡幾千矣。殿下不此之念，而只欲爲宮家富益富之計。惜乎，殿下不能以若保赤子之心，易其愛之欲富之念也！推此數者，知殿下不能痛去偏私之病，而有以盡夫端本淸源之治也。噫！朝廷者，四方之根本，風敎之所出，而正與不正，實係於君心。方今朝廷之上，用舍不審，而人才壞矣；是非不明，而黨論熾矣；軟熟成風，而言路塞矣。習俗之乖敗，政令之委靡，蓋亦月異而歲不同矣，如此而國不亡者未之有也。殿下試反而思之，國勢時象之至於此極者，是誰之咎歟？

噫！自昔賢辟之用人，必量其才而授之官，如權衡之稱物而不失其銖兩，故上無虛授之失，下無僨誤之患。今殿下於用舍進退之際，只徇一時好惡之私，雖大官要職，無有一分難愼底意，其人之長短稱否，漠然若不經於聖心者。夫知人官人，聖王所難，使殿下無鑑別之明，則固無論已，以殿下之明睿，臨御已久，羣臣之臧否淑慝，宜無所不知。而惟其惡剛而喜柔，好懦而厭直，不求其正己，而求其適意；不取其可畏，而取其可喜也。故用舍乖舛，而名器日賤；賢愚無別，而人才日壞，此豈非殿下好惡之心不得其正也？

夫人才，一世之所需，必須儲養於平時，可以得力於緩急。臣未知殿下今日所儲養者誰歟？所親信者誰歟？所恃以寄百里之命、當一面之屬者誰歟？ 我國人才， 莫盛於宣、仁兩朝，而値壬、丙之亂，搶攘顚頓，不亡者幸耳。況今之人才眇然，萬萬不及先朝，平居宴安，猶可苟冀無事，萬一國家多虞，四方有警，則抑將何以應之耶？言念及此，不覺氣短。苟殿下加意於爲官擇人之義，勿以同異爲用舍，愛惡爲進退，惟才之是擧，惟賢之是用，而猶曰眞才不出，官方不淸，則臣未之信也。

噫！朋黨之必亡人家國審矣。殿下每以黨論爲憂，而臣愚以爲殿下擧措亦不免乎黨論也。何者？古之欲去黨論者，必以明是非爲先，蓋是非明，則公議定，公議定，則朝著寧矣。今日朝論，雖三分五裂，泯泯棼棼，如亂絲之無緖，而若其是非之公，則自有不泯者存，非威力之所可强制，非羣言之所可汨亂，而特君人察之不明耳。殿下凡於聽言裁事之時，不問言之可否、事之枉直，向用者扶之太偏，厭薄者抑之太過。扶則恃而益肆，抑則激而愈甚，由微而至著，積小而成大，以至於風波日起，茫無津涯。蓋殿下於是非之分，不能知之明而守之確，搖奪於波蕩之中，眩亂於朱紫之別。而又或知其是而不能是之，知其非而不能非之，徒知彈論之爲伐異，而不悟營救之爲黨同，意欲鎭靜，而反所以益其乖裂，此豈非殿下是非之心不得其正也？

伏聞向日筵中有老少緩急之敎，不識有諸？殿下於是乎失言矣。彼臣下之稱東稱西謂老謂少者，不過私室之談，有識亦且羞道，是豈㕓氈吁咈之間，所當言者哉？夫天無私覆，地無私載，日月無私照。王者奉三無私，以臨羣下，則在朝百官，均是殿下臣子，惟當咸囿於蕩平之域，而今乃區別彼此，顯有左右色目之稱，至形天語，殿下何示人不廣也？況直道不阿者，近於矯激，嫉惡糾邪者，近於伐異，順旨者如忠愛，緘默者如謹厚，含糊繳繞，外爲調停保合之說者，又反類於和緩公平。以殿下之明聖，豈不照燭於此等情僞耶？嗚呼！羣下之相傾相奪，不過溺於己私，而不能自拔耳。殿下之於黨論，顧何所益，而不憚以身先之，獨使國家受其病敗，而不暇恤耶？苟殿下勿以黨之一字着在心胸，惟以明是非爲務，無偏無陂，以表率乎臣隣，而猶曰朋黨不去，則非臣之攸聞也。

噫！言路之於國家，猶人之有命脉，脉絶者死，言絶者亡，可不懼哉？今日言路之杜絶甚矣，在廷之臣，豈盡不能言者？卽不敢言耳。蓋其意以爲"今之進言者，雖切中時病，而未見有採用之實，此無益也"，又曰"語觸忌諱，則雷威易發，此可畏也"，大小相戒，緘口結舌。而殿下又傲然自聖，輕視臣僚，欲以爵祿驅使一世，輒於從違逆遜之間，顯示與奪操縱之意。故患失之徒，惟以含默保位、阿諛順旨爲事。間有忠讜敢言之士，一鳴卽斥，或棲遑於下邑，或見枳於銓選，又或横冒罪籍，久靳牽復，謇諤者日益疎，庸碌者日益親。殿下亦嘗見近日廷臣能有立殿陛正色直言者乎？嗚呼！逆耳之言，不復至於四聰之下久矣。惟殿下幸而無大失德必亡國之擧，設或有之，決知其無一人敢諫矣。孔子所謂“惟其言而莫予違”者，不幸近之矣。

臣嘗聞故臣崔晛坐逆獄當刑，仁祖大王下教以“晛曾於夜對時直諫，予頗苦之，而厥後思量，眞愛我也。今雖有罪，必不負初心”，特命減死，聞者莫不感泣。夫觸諱之言，常情之所惡聞，而乃於累年之後，記有於淵衷，至拔之於必死之中，可見聖祖容直之德逈出百王矣。設令今日有敢諫之士陷於重辜，則殿下果能爲之容貸否？臣知其決不能也。試以昨年李東彦事觀之，殿下之屢降嚴教欲置極刑者，得無愧於聖祖事歟？凡人怯懦者多而剛腸少，巽軟者安而讜言危。若非人君優容開導以恢虛受之量，則孰肯犯其至危而行其至難耶？殿下苟以聖祖之心爲心，則在廷之臣皆將竭誠盡言，爭死於職下，夫何患乎言路之杜絶乎？

噫！國家治亂，係於風俗之汙隆，而目今風俗之壞敗極矣。義理不明，名分不嚴，廉恥虧喪，利欲紛挐，簠簋之譏，躁競之誚，已不勝其喧然。而搢紳之間，名節埽地，佞辭泉湧於筵席，諛言日進於章奏。如頃年尊號之議，近日主第之請，最爲朝廷之大羞恥，世道至此，尙復何言？且章甫之士，將以修於家，立於朝。而近來時事屢嬗，世路多巇，父詔其子，兄勉其弟，惟以隨俗俯仰爲事，先正之風，日以寖邈，不復知有經術節行之可貴，而國家非徒不能培植，又從而剝喪之。向日殿下之待儒生，僇辱驅逐，固已無餘地矣。至於疏章勿捧之教，遽出於臺疏欺誣之後，是欲鉗一國之人口，折四方之士氣，雖謂之喪邦根柢，未爲過也。

彼敎冑之長不識訓迪之爲何事，惟逐逐於爭奪之場，回互崎嶇，用意甚勞，及其被人詆斥，則乃曰"非我也，聖上處分也"，敢欲藉重而爲厭然自揜之計，彼固不足責。臣所惜者，虧國體也，累聖德也。國朝盛時，士大夫以名行自礪，儒生以氣節相尙，故三百年來撑柱維持，綿綿至於今日者，惟是之賴。而今則名節喪矣，元氣盡矣，臣恐危亡之患，不在外虞，而在於朝廷之內也。殿下居君師之位，操風化之權，於變之效，只在一轉移之間，而乃使國脉世道日銷月鑠於不知不覺之中而莫之救，臣實痛之。

噫！爲治之道，莫先於以實心行實政，而殿下施措事爲，率循文具，上下之間，惟以虛禮拘縻，而情地不能相通。備局次對，盡歸空談，經筵進講，只遵常規，大小事務，一切寘之於皮膜之外，而政令顚倒，銷刻無常，人心不信，國體益輕。以築城事言之，自北城而爲都城，自都城而又沁都矣，十年之間，所成何事？城役利害，臣不暇論，而陰雨綢繆，國之大事，進銳而退速，有始而罔終，遷就委靡，莫知攸届。此猶如此，他尙何論？是必殿下自以席重熙累洽之業，二邊姑晏然矣，百姓且粗安矣，吾雖深拱九重，而可以牽補而無他虞矣。以自恕之心，長自逸之德，無復有奮發振作之圖，臣恐率是而無改，則未知國事將稅駕於何地也？

嗚呼！今日百弊之源，都在殿下一心。殿下苟能反而求之，於身心事爲之間，必思其發心害政之端，一念之差，一事之誤，務皆猛省而痛革，以大公至正之治，標準乎臣隣；以至誠無僞之德，孚格乎天人，開廣聰明，登崇俊良，宮府之間，洞然無毫髮之累；政令之際，廓然去頹靡之俗，則風俗可以丕變，世道可以挽回，轉危爲安，卽易如反手耳。殿下何憚而莫之改乎？嗚呼！殿下臨莅臣民，今已三十有五載矣， 祖宗之付託如何？ 臣民之期望如何？ 而以今觀之，國勢日危，凜凜有洪爐燎毛之勢。使殿下無大有爲之志，則固無奈何，今殿下聰明睿智，足以做一世之治，而卒不免與季世衰靡之君同歸一轍。古語云"不怨暗君而怨明主"，臣竊傷之。

昔蘧伯玉年五十而知四十九年之非， 君子稱其善化，古人自治之功，有如是者。況人君上代天工，躬親萬幾，其內省日新之工， 又豈匹士之比哉？ 秦繆公之誓曰"我心之憂，日月逾邁，若不云來"。夫迅而易失者幾也，往而不反者時也。盛年已過而治效愈邈，大業難持而危亂將屆，臣每誦朱子"亦覺天顔非昔時"之語，未嘗不三復流涕。殿下於淸燕靜寂之時，亦或有反顧嘘唏，惕然而改圖者矣。其可不及是時，明其政刑，以爲維持國勢之計也哉？臣世臣也，受國厚恩，與天無極，永念時事，中夜屢歎。愚衷所激，言不知裁，雖出於憂愛之微誠，而若其僭率之罪，有不可逭。如殿下不以人微而忽其言，平心察納，則實國家之幸也。臣雖伏狂妄之誅，亦所甘心矣。臣無任激切屛營之至。

因嚴教請，譴仍辭湖堂疏【庚寅】

伏以臣於昨歲，待罪北幕，聞有母病，受暇歸省。銓部移除之命，忽及於此際，適當上候違豫中外憂遑之日，一出肅恩，粗伸分義。而母病增劇，難於離舍，不得不投狀還鄕，終未克趨簉呼嵩之列，情禮虧缺，罪戾層積。且於日者備忘之下，惶怖震越，無地措身，而職在該司，未敢控暴，泯泯縮伏，恭竢嚴譴。不意恩旨復降，授以春坊兼任，促令乘馹上來。臣於是兢惶感激，涕淚交迸，誠不知何以得此也。

蓋臣前疏所論李東彦事，竊聽巷議，或恐一毫貽累於聖德，且於聖祖容直之德，竊嘗欽仰感歎，乃以追配先烈，益恢聖量，深有望於殿下。夫豈敢以小人之腹，妄度天地之大哉？目今聖心開悟，德音渙發，明審重獄，不以其已死而置之，使泉下之寃昭雪無餘，則有以見聖人公好惡愼刑辟之心，出尋常萬萬。愚臣妄言之罪，至此而尤益彰著矣。夫臆逆而言之，於敵以下，猶不可爲，況人臣告君之語，如有近似於此者，則死不足以塞其辜。雖蒙聖度寬大，曲賜涵覆，其何敢晏然承命，翶翔於禁闥之中哉？

且臣於湖堂之選，萬不肖似，悳縮慚惶，久而未已。國朝盛時，儲養人才，賁飾文治，詞臣賜暇，最爲至榮，而挽近以來，才不古若，其選蓋絶希矣。臣幼而失學，長益荒廢，徒藉先蔭，歷敭華貫，循省愧懼，若無所容。今日此選，胡爲而及於臣身哉？況今文學時望踰於臣者何限？而秤量失宜，取舍顚倒，鵜梁不稱，衆譏日騰，糠粃在前，寧不自慚？臣之不敢冒當，固所自晝，而嚴旨之下，急於請讉，亦有所不暇悉暴者矣。伏乞聖慈特垂鑑諒，罷臣職名，勘臣罪罰，以爲妄言者之戒，仍削湖堂之選，使名器重而賤分安，不勝大願。

移修撰陳情乞終養疏

伏以臣頃申哀籲，冀賜遞免。伏承聖批，不準所請，至令俟母病間，上來察職，繼而有玉署移除之命。臣驚惶感激，莫知所以自措也。臣雖不肖，粗識分義，豈不欲仰承德意，黽勉趨召？而臣之母病，一向沈綴，有非旬月之間所可差愈，以臣情理，萬無離違供職之望。當此館直苟簡之日，涉旬虛縻，瘝曠有罪，伏聞聖體違和，連日受鍼，而亦未克趨簉候班，以伸情禮。有臣如此，不如死之久矣。念臣私情，萬萬崩迫，常欲一暴於仁覆之下，而煩猥是懼，遲回至今。然惟君臣猶父子也，子之於父，何言不盡？臣請冒萬死，仰申肝膈之辭，以冀聖明之憐察焉。

臣賦命險釁，五歲失怙。臣母含哀茹痛，僅保軀命者，只望臣之成立也。臣之竊科名覬祿仕者，欲以小伸其反哺之私也。不自意過蒙誤恩，歷敭華貫，每奉除書，母子未嘗不相對感涕。臣母累經荼毒，氣血枯涸，及其衰暮，百疾乘之，絶無粗安之日。證形迭變，傷敗備極，飮食起居，今年不及去年，筋力精神，無異耄耋之人。蓋其心火爲積病之祟，苟有憂愁思慮感觸其中，則病輒增劇。加以心氣虛弱，見臣在傍，稍以自安，而臣或累日相違，則鬱悒煩惱，寢食都廢，益有凜凜之憂矣。

臣獨子無兄弟，母子相依，如影於形，自幼稚以至成長，蓋未嘗一日離側。及夫從宦以後，周旋禁闥，動經時月，不惟臣曠違定省，方寸錯亂，臣母念臣不置，殆成心恙。臣嘗屢煩省救之請，得自囿於孝理之化。數年以來，奉命二邊，往還之頃，未及半歲，而及其反面，形觀換改，殆不可省識矣。臣母執臣手，汪然出涕曰："余病甚，幾不復相見矣。"臣於是竊自傷立朝累年，無毫髮裨補，只令病母貽戚，不孝不忠，未有臣比。顧今母年愈高，母病益深，昊天恩重，寸草難報，夕照飛迅，餘日無幾。臣若含恩戀寵，進不知止，睽違親側，以傷其意，則豈不爲他日無窮之悔乎？

噫！人臣立身事君，竭心奉職，夷險燥濕，在所不辭。而苟其親老且病，難於從仕，則公義私情，亦或有時而相奪矣。今臣上而怵迫分義，下而戀係情私，既不能進效奉公之節，又不能退盡養志之歡，公私俱病，去就兩難，徊徨眷顧，冰炭交中。自惟庸愚鈍劣，無所比數，在朝廷則有無輕重，無異江湖之鳧鴈，而於臣母，不啻若十朞之一相。爲臣之計，惟有乞其不肖之身，以養老母，得免爲孝治之罪人也。

臣竊稽皇朝弘治中，御史陳茂烈乞解官終養，敬皇帝憫其情而許之，史氏書之，以爲盛德事。其疏有云："疾病獨自呻吟，藥餌孰與調將？臣既思母，則報主之心亂；母復思臣，則保身之念微。"又曰："君恩猶可以再酬，母年不可以多得。”今臣情事之悲切，實與茂烈相類。雖其誠孝懇惻，萬萬不及古人，而仰惟聖慈臨下，敦孝爲治，盛德至仁，媲美前聖。臣安得不以茂烈之得於聖皇者，望於聖朝乎？此臣所以仰首哀號而不知止者也。

仍念臣學識蔑裂，才智空疎，當官莅職，碌碌無一善之稱。先儒言“事君，須先有見識”，臣每一循省，赬然發慚。且臣家世世受國恩，及至今日，榮耀太盛，一家三人並列顯要。臣以顓蒙，通籍甚早，受遇最深，踰分之職，過實之褒，無非臣損福之災。天道惡盈，鬼神忌滿，虎尾春冰，未足以喻其危懔。

在臣私義，只願斂避榮塗，退守私分，得以湯藥之暇，讀書求志，使其見識，幸而有咫尺之長，則自今至死，何莫非報殿下之日也？衷情所迫，言不知裁，區區血懇，天實鑑之。倘蒙聖慈哀憐，亟命鐫革職名，依陳茂烈故事，放臣終養，獲伸至願，則一物之微，並得涵濡於雨露之中，臣之母子，豈惟殞結圖酬而已？念臣近日所叨，非諫爭則論思，而不能出一言論一事，以塞職責，只以私懇瀆浼至此，臣尤死罪死罪。臣無任涕泣懇祝之至。

擬論救被譴諸臣疏

伏以臣於病伏中，竊聞玉堂三臣言事坐竄，諸臣之前後繳爭者，俱被譴責，朝著一空，景象愁慘，遠邇觀聽，莫不錯愕。臣仰屋吁歎，中夜無寐，誠不圖聖明之世，乃有如許過擧也。噫！今日君臣之間，情志之否隔極矣。下之進言也，不能明白剴切，以當上心；上之聽言也，不肯虛心平氣，以察下情，以至事事而疑阻，言言而扞格。此實當今莫大之憂，而近來擧措之轉輒失中者，蓋亦由此耳。

夫《類編》之書，實是斯文之變，而殿下旣火其書罪其人，則草野之言，迄可休止，彼相繼紛紜者妄耳，宜殿下之厭聞之也。向日聖批中論議無益之敎，蓋指黨論而發。彼陳箚數臣，亦豈不知聖意之所在？而其區區之愚，特以論議二字包得是非枉直，不可一切歸之於無。故欲望殿下審察是非，益恢聽納之聰。而其言又不墮在一邊，只就大體上說去，則曷嘗敢以偏私之論，勸殿下哉？朱子之論朋黨，有曰："不憚以身爲之黨，又將引其君以爲黨。"苟不深究其分別賢邪之義，而惟其辭之取而已，則是朱子而導君以黨論也，烏有是哉？蓋殿下於鄕儒之疏，不獨惡其人，固已擧廷臣而盡疑之。堂箚之上，適在其後，故殿下輒疑以右疏儒而護私黨，威怒遽震，一節加於一節。向使上下情志洞然無礙，則今日之事，亦豈至於此哉？

噫！論思之職，國家言議之所在，殿下宜優容寬假，以開不諱之門。設令一時言議，有謬錯處，亦何至於大聲以色，遽施之以流竄之罪哉？況喉司掌出納，臺官主諫爭，弼違之責，輔相尤重，諸臣之相繼匡救，乃其職耳。殿下或罷或斥，譴罰相隨，至使白首獻忠之元輔狼狽屛出，棄之如遺，此何擧也？殿下試於中夜澹然之中，平心而恕究之，則今有如許過擧？ 而處輔相言議之地者，喑無一言，則其於國體如何？ 殿下亦以爲如何也？ 至於鄭澔之剛介敢言，殿下所知，而所被罪名，實涉黯昧。其陰嗾疏儒之目，特出於投扺媢疾者之口，不審其虛實眞僞，而直斷以投畀之律，此豈大聖人公聽並觀之道哉？

嗚呼！ 目今論議之潰裂，日甚一日，至使至尊憂勞於上，此則羣下之罪也。殿下旣憂之深而慮之切，則亟宜從事於聖人平心應事、物各付物之義而後，論議定而朝著寧矣。今殿下於待下接物之時，誠信不孚，臆逆生疑，少有不平，停畜在中，因事噴薄，務以快一時之意，使朝廷生出無限風浪而莫之恤焉。殿下所以惡論議者，不幾於揚湯而止沸耶？此蓋殿下輕視臣僚，好惡靡常，其於黜陟招麾之際，固已奴隷之矣。使羣下震慴於威怒之下，顧瞻於得失之間，俛首含默，有順無違而後，方可免好論議之罪。彼巧自謀而蓋其跡者，其將竊竊然喜之，此豈國家之福哉？ 殿下所患者論議，而臣之所大憂者，殿下此病不除，則未必不爲喪邦之根柢也。 苟殿下加意於鄒聖正己正人之訓，用力於顔氏不遷不貳之工，涵養本源之地，戒愼喜怒之節，痛去疑阻，明晰是非，虛心而聽言，察理而制事，以標的乎一世，則在廷臣僚，其將不怒而懼，不刑而威，咸囿於蕩平之化矣，夫何患乎論議之潰裂哉？

今日之事，雖出於一時激惱，而雷霆之怒，本無竟日，日月之更，人將仰之，此臣之區區所默禱者也。臣方繕疏陳聞之際，得接朝紙，則兩司還收之啓，已一倂停止矣。噫！

往時，論議雖分裂，而事係君上過擧，則無不同辭匡救。而今則不問事之是非，惟視人之愛惡，其於君上過擧，不惟不能匡救，又從而將順之，此可以觀世道矣。殿下臺閣，猶謂有人乎哉？臣竊爲之寒心也。惟殿下俯垂澄省焉。臣無任云云。

辭本兼諸職疏【辛卯】

伏以臣向叨本職，久逋恩召，累月撕捱，竟獲鐫罷，情雖出於迫隘，罪實積於慢蹇，私心悚慄，若無所容。不意下考蕩滌之命，遽出於數日之內，職名如舊，寵渥維新，臣祇奉除書，感極而涕。在臣分義，亟宜竭蹶趨承，以少贖前後違逋之辜。而臣母宿患沈淹，長在床褥，藥餌扶將，頃刻難舍，雖欲黽勉簉朝，其勢末由。顧此本兼兩任，何等緊重？而經年閱時，乍解旋縻，使佐銓勸講之地，緣臣而作一虛窠，臣心惶蹙，已不可言，而是豈國體之所宜有者哉？臣之情理切迫不堪從宦之實，屢疏控暴已盡之矣。仰惟聖鑑在上，照燭無餘，而直緣臣誠意單淺，不能孚格仁天，誤恩荐被，召命相續，進退狼狽，每至於此，撫心悼憫，尙復何喩？且臣難冒之端，非止一二，不得不冒死自列焉。

大凡銓選之法，莫嚴於通塞，郎僚如有指名枳塞者，則其人未去銓之前，不得擅自通擬，必與之消詳，待其許可而始爲之。臣於頃年忝是職也，僚議有欲以李命世、兪命咸擬於參下淸選，臣意以命世罪關名義，命咸素多疵謗，沮止之。今臣未離銓地，且無消詳許可之事，而數人者俱驟通臺選矣。至於銓郞，有右位則不得徑許陞品者例也。前弼善申鐔初以郞官苟簡之故，同被甄叙，及當大政，越三僚而陞四品。夫鐔之所被臺言，實出捏合排擠之計，公議之所共駭。設有罪過，枳塞之可也，斥補之可也，顧何必汲汲陞遷，以壞政格哉？

臣本疲劣，言論不能見重，況今在外，不敢以右僚自居，而若其銓法之虧廢，職自臣始，豈獨臣一身受侮而已？其不可復秉銓筆，以之喪廉隅而辱當世者，於此而益決矣。況臣方帶南庠，而兩年庠製，尙多未行。伏聞朝家以會圍期迫，有課試申飭之擧。顧臣情跡，決無趨朝供職之望，一向擔閣，至爲未安。若不及今變通，恐有臨時窘迫之患。伏望聖慈曲諒臣私懇之切至不可强抑，俯察臣情勢之危蹙不可冒進，將臣所帶諸職，一倂遞改，使私分安而職事擧，不勝大幸。

被諸人詆斥，乞免疏

伏以臣私懇切至，情迹危蹙，猥上辭章，冀蒙恩遞。及奉聖批，不獲所圖，至令上來察職，兢惶悶塞，無地措躬。繼伏見校理林象德、李眞儉疏本，以臣引咎之語，過生嗔恚，極力詬詆，臣誠駭歎，莫知所以致此。蓋臣前疏，不過自引受侮之端，以暴難冒之勢，本非欲出氣力，與人爭是非，則今於橫逆之來，直當笑而受之，豈可盛氣辨明，以犯效尤之譏哉？第其簡問一款，儘有委折。大凡銓法重郎僚，無論在遠在近，大小新通，率皆簡報者，古例卽然，非同僚獨於臣爲此數事而委曲問議也。

自臣在鄕以來，前後僚簡一不拆見而還之，蓋自附於不在位不謀政之義。他餘銓注之得失，固非臣所可知，而至於數人，則曾已見枳於臣，參下參上，均是淸選，其在政格，理宜一經臣可否。同僚旣知臣不曾拆見，臨擬送簡，只循他例。夫簡問云者，卽問其可否之謂，不答則姑宜徐之，彼一邊通擬，一邊送報者，惡在其簡問之意？而及臣引咎，則曰我已簡問矣，欲以此爲禦人之欛柄。臣恐僚友之義，告君之辭，不當若是其不誠實也。

兪命咸疵謗之喧藉，固已久矣，濁亂賢關之擧，人孰不唾鄙？而今乃爲稱揚救護之資，良可笑也。況其陞六纔一日而直擬淸塗，除非在參下已通淸者，未有若是之驟者。此必欲角勝於向間枳議，何莫非臣見輕而然也？然而此猶不足言。彼罪關名義者，夫豈微眚薄過之比？而奬詡推挽，略無所顧忌，臣竊爲世道寒心。至若下僚之徑陞，雖極意周遮，猶不敢曰格例當然，乃謂施罰云爾。苟如其言，臣未知春坊右遷，果可懲壞亂朝廷之罪耶？似此銓法，非臣攸聞也。至於遙執之斥、承受之目，造意至深，令人危怖，如臣疲劣望輕，動被侮辱者，寧有一毫髣髴於此等題目耶？

天鑑在上，臣復何言？顧臣情私煎迫，不堪從宦，固已自晝於中，苦心血懇，罄竭無餘。若向日所引情勢，特其難進之一端，而被人詆詈，又至於此，尤豈有冒沒承命之望哉？臣於銓職，不容一日仍帶者，不待臣自言，而聖明之所俯燭。至如胄筵輪直之緣臣苟簡，南庠課試之使人替行，不獨私心之惶慄，實非國體之所宜，決不可一向虛縻，以重曠職違命之罪，輒敢冒死申控於宸嚴之下。伏乞聖慈將臣本兼諸職，幷行鐫改，俾臣得以斂跡息影，以全微尙，不勝大幸。

辭應教疏

伏以臣於田廬屛伏之中，伏奉承政院成貼有旨，以臣爲弘文館應教、兼侍講院弼善，令臣乘馹上來者。臣拜稽祗受，驚惶震越，歷數日而不能自定也。臣以駑劣之質、綿薄之材，承藉先蔭，蒙被渥恩，淸塗華貫，輒居人先，點檢平素，無絲髮裨補，集木之懼，食息靡弛。顧今所叨職名，地望自別，尤非賤分之所可堪承者。蓋臣於館職，前後忝竊，非一再矣。以臣蒙學淺識，固無望乎黼黻論思之益，而至於登筵輪直，亦未嘗少效一日之責，則其虛竊寵命，瘝曠職事之罪，有不可勝贖者。今乃節次推排，驟躋東壁之列，此豈國家綜名實愼官方之義哉？

仍念臣季父臣晩堅纔拜校理，登瀛之選，世所共榮。叔姪二人一時同列，此誠衣冠之盛事，而惡盈忌滿，理所必至，每奉除書，相對戰兢。況今官秩居右，序次顚倒，又不特並據之嫌而已，反顧踧踖，當復如何？館職雖無相避，而此非可以常格論者，不獨臣私義之不敢自安，國體所關，亦何可容臣一日仍據也？且臣向間一疏，不過略暴難安之勢，而被人反詆，有非尋常，苟欲一一追辨，其亦疲矣。

臣一忝銓職，不能激揚淸濁，誠淺望輕，又無以見信於上下，而徒區區於格例之末，臣亦自笑，何足責人？然其情跡之危蹙，去而益甚矣。顧臣所陳數件，只就職事廉隅上言耳，若其私懇之迫切，已竭於昨年終養之疏矣。目今母病沈頓，與日俱深，實非人子離側從宦之時，恩命之下，輒速逋慢偃蹇之誅，俯伏以俟。所恃者惟天地父母之仁，有以俯諒而曲遂之矣。伏乞聖明上念事體，下察微悃，將臣新授職名，亟行鐫改，使賤臣存履盈之戒，聖朝光敦孝之化，於公於私，豈不兩幸？

辭執義疏

伏以臣頃叨宮官，久違召命，敢竭肝膈之私，顒俟開允之音。伏奉聖批，不許所辭，乃於伊日政，復有栢府移授之命，驚懼震兢，莫知所措。臣於前後除旨，一未趨承，慢命曠職之罪，已不可勝誅。而至如言責之任，尤有悶蹙不自安者，玆敢冒死自劾，以聽嚴命焉。

竊念臣資性巽懦，志氣凡庸，本非臺閣樣子，雖欲淬礪鋒穎，以自期於古人骨鯁風采，而決知其不能矣。曾忝諫省，一遭肅恩，而識淺言腐，實無絲髮裨補，此卽淵鑑之所洞照。且自昨歲陳情以來，仰恃孝理之化，欲全咫尺之守，屛迹田廬，絶意榮進，惟日夕慄慄，積逋之罪是俟，有不敢妄論時事，以犯思不出位之戒。聖德之闕遺，朝政之得失，豈無可言者？ 而終未能出一言以效區區之愚， 累牘煩籲，率不外乎懇迫危疪之私，上孤國恩，下負夙心，一念慚恨，寤寐如結。

今臣所叨，卽古中丞之職。匡君德糾官邪，是其責耳，乃使疲劣不職者居之，此何異於責聾瞽以司視聽哉？ 近來言路崎嶇，讜議無聞，如臣等輩固不足論，而大抵士大夫軟熟成風矣。 朝家擧措， 又不免惡謇諤而喜容默， 論事忤旨者， 或靳恩點， 以言獲譴者， 久未牽復， 至於積忤時議之人，錮廢居多。而臣則獨以含默不言之故，無所獲罪於上下，凡有華貫，輒被提擬，朝除夕遷，自不離乎三司言議之地。

臣雖庾垢頑鈍，尙有一段羞愧之心，每奉除書，駴汗浹背，雖欲以寵爲榮，而亦不可得矣。臣旣不能言，而惟以趨命爲恭，饕榮竊祿，揚揚呼唱於道路，不惟人所嗤點，臣亦恥之。旣不能進，而又復坐縻華銜，虛辱寵命，則又私分之不敢出，左思右量，無往非罪。毋論臣心之萬萬悚蹙，聖朝置言官之意，亦豈令備數充位而止哉？ 臣之此言， 非直爲私，所惜者國體也。如蒙聖慈俯賜鑑諒，亟命鐫臣臺職，重勘庸碌負職之罪， 以礪他人， 則未必不爲來直言激頹俗之一助矣。臣於繕疏將上之際，伏聞兩宮違豫，擧朝憂遑，義不敢冒暴螻蟻之私， 以速瀆擾之誅， 而涉月虛帶， 爲罪益積，卒不得不煩籲於靜攝之中，臣尤死罪。臣無任屛營祈懇之至。

乞歸養，仍陳戒疏

伏以臣於積逋俟譴之中，猝聞有議藥設廳之擧，竊不勝驚憂燭灼。身在法從之列，義不宜偃伏郊廬，勉詣城外，以爲承候起居之計，而所帶職名，實有所不敢冒處者。臣仲父臣晩成方長諫垣，近例兩司雖不許通避，而以公則掣碍多端，以私則踧踖靡安，終未克一謝天陛，以贖前後逋慢之罪，日尋長單，迹涉偃蹇，惶蹙隕越，無所容措。竊念臣之私懇煎迫不堪從宦之實，天日之明，臨照無遺，臣每誦前歲聖批中情理矜憐之敎，不覺感涕之被面。臣雖隕首結草，其何以報聖恩萬一哉？

臣母宿患，轉益沈淹，一日離側，扶護無人，而臣之淹滯旅邸，已浹半月。不惟臣曠違定省，方寸如熬，臣母念臣不置，殆添一病。日得鄕信，輒問歸期，臣以何心敢爲貪戀盤桓之計哉？臣之一來，只爲少伸分義，非有因仍供職之望，此已通朝之所共悉。而中外憂遑之日，未敢言私，今始冒死哀籲於仁覆之下。伏乞聖慈曲賜鑑諒，解臣職名，許臣歸養，以終老母餘齒，則孝理之化，臣將終始賴之矣。

臣於在鄕之日，敢以含默負職，露章自劾，殿下寬貰而不之罪矣。臣雖不肖，憂愛之誠，根於秉彝。職忝憲司，身簉輦下，而終無一言而退，則上慚國恩，下愧職名。玆敢略附狂瞽之言，以裨翕受之德焉。

今玆坤聖痘候之平復，實是宗社莫大之慶，凡在含生之倫，孰不歡欣蹈抃？若其賞典赦令，自是應行之事，稱慶陳賀之後，固當循序擧行。而醫官超秩之命，遽出於藥廳未罷之前，赦書繼降，囹圄一空，悤悤汲汲，若不能少遲頃刻者然。先儒言："世間甚事，不因忙後錯了？"彼獄囚之輕者，固無論已，其中罪犯應死之類，惟當付之有司，徐聽奏當。而今乃不問大小輕重，一竝疏釋，無少留難。此雖快於一時志喜之意，而獨不念善人喑啞之戒乎？

夫七情之中，喜怒居先，惟聖人爲能涵養於未發之前，故當喜而喜，當怒而怒，發而無過不及之差。殿下天縱之聖，雖非愚臣所敢窺測，而大抵明睿有餘，沈潛不足。其於涵養工夫，未嘗着意用力，故辭令施措之間，率多失之太銳。今日此擧，固可謂當喜而喜，而處事忙迫，全無沈深安重底氣象。竊聞殿下曾以暴怒自戒曰："予病常在躁暴。"此可見大聖人察病下藥之工，而以今觀之，躁暴之病，不但在於難制之怒也。臣之所陳數事，雖有先後疾徐之可論，而等是不可已之典，顧未必大累於聖德。而區區所深憂者，殿下此病不除，則發於心而害於政者，又烏可一二數哉？惟殿下痛自省察，加意於本源之地，養之以理義，持之以莊敬，使喜怒之節發而得中，推致極功，以臻於天地位育之盛焉。

噫！人主一心，衆慾攻之，其所以蠱心喪志者，非獨聲色貨利馳騁弋獵之爲然。苟有一毫怠惰暇逸之意，萌於方寸之間，則淸明剛大之氣自見詘於膠擾波蕩之中，卒至人慾勝而爲主，天理負而爲賓矣。殿下聰明英斷，有大有爲之資，而歲月逾邁，志氣消沮，大小施爲，惟以牽架補漏爲事，朝政之得失，民生之休戚，賢邪之進退，言議之是非，漠然若不留於聖慮者。蓋其倦勤之意，一形於內，而因循苟且之習，遂不勝其多矣。

向聞冬雷告災，上下憂惕，天所以仁愛而警動者，可謂至矣。而殿下責躬求言之敎，只循文具，少無奮勵修弭之擧，此固有識之所共憂歎。而况恒人之情，遇慶則過於喜，遇喜則狃於安，此《易》之豫卦所以有悅豫之象，而兼寓逸豫之戒者也。殿下飾喜之擧，旣如是忙遽，而下之所以奉承者，徒以過施虛惠爲急務，而不暇顧乎恩竭之譏。向之怠惰暇逸之意，固已根柢於腔裏，而今則日以益肆矣；前之恐懼修省之事，初亦不免爲虛僞，而今則日以寖忘矣。似此氣象規模，安知不轉而爲豐亨豫大之擧乎？

嗚呼！民生困瘁而邦本將蹶，黨議潰裂而朝著不靖，人心已離，王綱已壞，危亡之勢，不待智者而凜然寒心矣。朱子曰："今日之事第一，只是勸得人主收拾身心，常以天下事爲念，而後方可奮然有爲。"臣愚以爲今日第一義，亦不外於斯言矣。惟殿下勿以幽獨得肆，而益長怠惰之習；勿以一時喜悅，而少弛兢惕之誠。及此擧國同慶之日，奮發志氣，發揮事業，推誠心以敷實惠，明是非以破黨議，使黎元有蘇息之樂，朝廷有和平之福，則庶有得於孟子所謂"與百姓同憂樂"之義矣。其所以導和氣悅人心者，豈特向前應行一二事而已哉?

且臣竊聞道路之言，前後痘患時，女巫出入宮掖祈禱之際，糜費不貲。設有是事，此等微瑣，殿下豈盡知之?然而士大夫家法稍嚴，則巫覡不敢入家內。今以堂堂千乘之尊，而乃使女巫之流闌入清禁，彼閭巷賤庶愚無知識妄相傳說，或有如韓愈所謂"天子大聖，尙且尊信之"云，則其傷風化而害世道，誠非細故。況國家寘法司，使禁淫祀，而祈禱之擧，先自宮禁始，其何以振一國之法綱乎?

頃日儒臣疏論送神事，而批辭中不爲明白發落，殿下旣不以爲本無是事，則其非虛妄之言可知已。仄聞今番送神，又將如前日，道路流傳，不翅喧然。苟如是，則臣恐殿下窮格之學，有所未至，其於物怪神姦之當有當無，不能心喩，故知之而不之禁矣。孔子以"悅而不繹，從而不改"，至謂之"吾末如之何"，況殿下不徒不爲悅繹，反爲遮掩，而欲使人不知，此豈大聖人表裏洞徹底道理?而殿下聽諫之道，其亦不誠之甚矣。臣竊爲之慨然也。

噫!天下之事，無一不本於人主一心，臣之此言，蓋亦竊附於先格之義。極知狂愚無所逃罪，而仰恃明主虛受之量，妄論及此。苟殿下平心垂察，納臣之忠而退臣之身，則豈獨臣一人之幸也?臣於繕疏將上之際，庚牌遽降，不敢偃然坐違，來伏闕下。而私義之踧踖，實有如上款所陳，未敢冒昧肅命，謹以已成之疏，投進徑歸，臣尤死罪。臣無任激切惶懼之至。

辭大司成疏【癸巳】

伏以臣投閒養痾，抱愚守分，涵濡聖渥，念絶當世。竊自謂癃痼實狀，上下所知，從今以往，庶幾刊名朝籍，不至辱名器而增罪戾矣。國子新命，遽及於千萬意象之外，慚惶隕掉，莫知寘身之所。

竊念大學，賢士之關而教化之源也。成均之法，著於《周禮》；教冑之命，載於《虞典》，其責任之重何如也？才以世降，職由人輕，及至今日，惟以課文程藝爲職事，而不復知有訓迪敎導之責，今之造士，其亦末矣。然而前後居是職者，莫非負一時文望，爲士類所重，曷嘗有如臣萬萬不近者哉？

臣顓蒙綿薄，本無寸長，其於經學，尤所昧昧，少而自棄，長而無聞。至如雕蟲小技，亦不猶人，到今病益深而業益荒，直一空空蔑蔑底人耳。不惟臣自知甚明，一世之人，孰不知之？而乃於一朝，抗顔於皐比之座，則豈不貽多士之笑，而爲朝廷之羞哉？而况士風渝弊，如水趨下，培植甄陶，專在師儒。于斯時也，雖使老成碩儒當之，未必能救得一分，以臣年少識淺才疎，尤何可與論於此也？

仰惟聖鑑在上，長短能否，何所不燭？而乃有此誤恩。臣若貪榮戀寵，冒叨匪據，則所以傷則哲之明，駭四方之聽，誠非細故，此臣之所大懼也。且臣重遘奇疾，半年沈淹，至今不死者幸耳。平居調養，若護嬰兒，時方薄寒，如怯大敵，宛轉床席，惙惙無生意，加以分外之職，匪福伊災，愧懼踧踖，殆添一病。以才分則無一可堪，以疾勢則有萬難强，縮伏踰旬，無所因極，不得不冒昧控籲於仁覆之下。伏乞聖慈將臣職名，亟行改正，以重官方，使臣隨意調息，獲延孱喘，以卒生成之澤，不勝大幸。

嚴批後，辭承旨疏【丙申】

伏以臣於積逋之餘，猥叨禁近之地，密邇前席，一瞻淸光，在臣志願，實爲滿足。臣之情私迫切，固無因仍盤礴之勢，而一日在職，當盡一日之責。適覩君父過擧，略陳匡救之忱，而昏夜倉卒，未盡所懷，方竢失職之誅矣。及承聖批，辭旨嚴峻，至以挺身護黨、極力奬詡爲敎，臣奉讀未半，惶汗浹背，莫知所以自措也。

噫！殿下不知臣不肖，使待罪喉司，隨事封繳，乃其職耳。夫以諫官而言事獲譴，其事則士林大是非，臣雖欲喑默無言，得乎？當擧世媕婀之日，能言人所難言，撥棄利害，劈破源頭者，惟諫臣一人。臣所謂敢言之風，恐非過語，而殿下不少恕究於是非之所在，摧折太過，譴斥隨之。此不但有妨於言路，深恐好惡失正，枉直無別。其累聖德而害世道，誠非細故，臣之區區爭論，豈專爲諫臣而已？臣誠淺言拙，無以感悟天心，發一言而輒遭護黨之目，將何顏面一刻冒居於近列乎？闕門已閉，不得进出請譴，繞壁彷徨，達宵兢隕，今始冒死陳暴，徑歸私次。伏乞聖慈亟罷臣職，仍勘妄言之罪，得以省譽田里，卒全微尙，不勝萬幸。

辭副提學、槐院副提調疏

伏以臣於頃間，强抑情私，一趨起居之班，旋移近密，立遭顚躓，罪大恩重，夙宵慚悸。而惟是積違軒陛之餘，獲近淸光，少紓犬馬之戀，退伏田廬，亦無餘憾矣。乃蒙聖慈曲覆，俯加收錄，南宮、地部，除旨相續。前後控籲，輒留喉司，動淹旬月，一未登徹。不意恩書荐降，復授臣以玉堂之長，臣於是驚惶震越，莫知所以自措也。

臣薄材蒙學，百無寸長，蚤歲通籍金閨，頂踵皆恩。屢塵論思，率逡巡辭避，未嘗一執經登筵，以充講官之數。雖其情理迫切，不堪從宦，而蓋亦自知其不能耳。到今節次推排，猥玷巍選，居然立羣彦之右，此豈臣夢寐之所嘗到哉？臣當悉陳不似之實，冀收匪分之榮，而知春秋臣閔鎭厚，卽臣內舅，相避之法，在下應遞，不待臣循墻之懇，可幸蒙褫鞶之恩，而虛辱名器，亦臣之罪也。至於槐院提擧，地淸而職重，以堂上兼帶者，尤爲絶尠，如非草創潤色之能，莫宜居之，若臣才淺望輕者，尤豈有一分堪承之望乎？

抑臣情地，萬萬惶怖，終有不敢不一暴者，蓋臣向來草草緘奏，只是爲世道斯文憂，非爲一諫臣地。而昏夜倉卒，文辭短拙，區區衷赤，無以自達於高穹。聖敎嚴峻，有非臣子所敢聞者，雷威旋霽，罰止例罷，雪霜雨露，莫非天地之至仁。顧今聖心夬悟，是非大定，向臣所謂數十年寢晦之義理，至近日始明，則臣何敢更提已事於更仰之後哉？然而臣誠奉職無狀，發一言而輒犯護黨之科，負此罪名，死有餘責。人臣事君，惟有誠信一節，而臣之誠意不見孚如此，更將何物以事吾君？此臣所以反省愧懼，不敢有榮進之念者也。且臣家世孤寒，過蒙聖恩，叔父兩人幷列隆顯，臣以顓蒙，亦忝下大夫之列，淸塗華貫，敭歷殆遍，滿損盈溢，理所必至，集木臨淵，寤寐何安？

臣才疎病痼，本非需世之具，假令進而供職，不過徒費俸祿，決知無絲髮裨補，而在私只益其盈滿耳，無寧乞其不肖之身，獲全咫尺之守。此心耿耿，天實監之，衷情所迫，不免瀆擾於靜攝之中，僭猥之誅，俯伏以俟。伏乞聖慈將臣本職，亟命照法處置，所帶兼任，亦許鐫改，使臣遂其分願，以卒生成之惠，不勝大幸。

陶菴集

卷六

疏

疏

辭副提學、均田使書【己亥】

伏以臣頃陳危懇，冀收恩資，未蒙開允，益增悚蹙。至於本職，參以法例，謂在必遞之科矣。及見該曹覆啓，以大臣新有建請，只令減下春秋，而仍察其職者，臣竊不勝訝惑之至。臣本蒙昧，未諳典故，而副提學之爲史館有司堂上，自古昔流傳。雖以臣所覩記者言之，史局新薦時，不迴問承旨、玉堂例兼史職者，而獨示副提學者，亦其爲有司之一證也。

臣竊聞先正臣金尙憲拜是職，與知春秋相避，特減兼帶。其乞免之疏，有曰："玉堂長官，列於史局堂上，考績黜陟，靡不與聞。故史官與承旨相避，減春秋；與副提學相避，則遞史官。前例故事，灼然明甚，今乃以臣之故，遂致史局缺一堂上。何敢首冒苟且之嫌，輕壞先王之典？"故判書金佐明之以親嫌辭副學也，引尙憲疏語而曰："此不易之論也。"又曰："臣嘗十拜承宣，而每以相避減春秋。蓋承旨六員皆爲修撰官，其中雖減一二人，餘員尙多。至於玉堂，則兼修撰者，只副提學一員，若或減去，則是廢其官也。先輩長者之力請幷免者，爲典常之難變也。祖宗朝設官之意，誠非偶然，豈可緣臣一人，遂廢其職哉？"其時吏曹覆奏，以爲“向疏回啓，只據近日所聞金益熙例而減其兼帶矣，今再疏中所引之語，極其嚴截”。且聞故臣洪命耉以副提學，有史局相避，并遞本職。以此見之，玉堂長官之減下春秋，元非故例，遂幷遞本職。國朝典章如此，先輩自處之嚴又如此。臣雖萬萬不及古人，乃其職則無古今之殊，其何敢貪榮苟冒於必可遞之地，使典章由臣而壞了，以得罪於先輩長者乎？更願邸下下此疏於該曹，將臣所陳故實照法處置。

臣於前日辭書，已略及辭免均田之意。夫臣之不稱於是任，不獨臣自知甚明，擧朝皆知之矣。假令臣素以才諝自負，區畫揣摩，爛熟通透，事到面前，尙患說易而做難。況臣迂拙，百無一能，其於經界之政，茫然不知爲何事，如是而妄自擔荷，豈不立見其顚躓乎？向者諫臣盛陳使任之重，至以聲望彈壓爲辭。如臣望輕，顧萬萬不近，而今之獨漏彈劾，不過以臣從前踐歷猥先於人耳。夫以矇矇使下，冥冥決事，而其能彈壓一路者，臣未之信。是豈區區資歷之所可能哉？此事善敗，不獨關目前利害，一道數百年民命休戚，繫於斯焉。臣之抵死力辭，豈敢爲一身計也？

抑臣私悃有萬分迫急者。臣之老母，身抱痼疾殆三十年，今則年已望七矣。數歲以來，荐罹禍故，神氣澌脫，月異而日不同，病情迭變，絶無粗安之日，凜凜朝夕，不離床褥。臣本獨子無兄弟，煢然一身，相依爲命，臣不在側，更無護視之人。古人所謂“疾病獨自呻吟，藥餌誰與調將”者，正說臣情境也。臣於庚寅年間，猥陳終養之請，聖批敎以“爾之情理，予甚矜憐”。臣每一莊誦，感涕被面。顧今臣母筋力精神，比十年前，不啻落下數丈，此豈臣離側遠遊之日乎？臣之頃年見差江都御史也，亦以母病臨期遞解，聖上曲庇之仁，臣實偏被。夫江都之遠，不過數舍，而尙且如此，况嶺嶠數千里之外，往還遲速，未易以時月期者乎？臣雖欲盡力職事，方寸已亂，何事可做？又或有顚倒徑歸之患，則國事狼狽，尤當如何？伏乞離明仰體大朝孝理之化，俯諒微臣迫切之懇，特遞臣均田之任，回授可堪之人，以幸公私。

臣竊觀朝家用人，專尙資地，一通極選，便以通才見處，錢穀甲兵，無事不畀，此實近來莫大之弊。備局兼帶，又何爲而及臣身哉？臣之疎拙無能，已悉於前，固不足以與聞廟議。况臣陞秩未踰旬，而遽玷樞要之地，驟躐無漸，未有若臣之甚者。名器屑越，聽聞俱駭，臣雖欲冒昧承命，其如公議何哉？若臣私義之凜惕，亦有所不暇陳者矣。亦願幷賜鐫削，以安賤分，臣無任云云。

請寢進宴疏

伏以聖候有加，藥院移直，中外驚遑，曷有其極？旣而大臣陳稟進宴涓吉，臣於在鄕之日，獲聞此奇，一則以喜，一則以憂。喜者，喜差復之有漸；憂者，憂宴樂之非時。及夫進詣廷班，恭承起居，則證候姑無加減，而宴日已駸駸迫矣。

臣愚以爲此時何時，而乃爲此擧耶？諸臣申請，固出稱慶之誠，殿下之勉循群情，亦非樂爲也。然而宴者，上下所以同樂。顧今春宮憂煎於上，百僚焦遑於下，一邊嘗藥，一邊式讌，豈不有乖於憂樂不同時之戒乎？伏見坤殿下教，有曰“何心受宴”，至哉言乎！在廷臣僚，亦何安於陪宴？而當此憂遑之日，得以仰瞻天顔，少紓犬馬之戀，實爲至幸。但天時向寒，外殿多風，强疾臨宴，決知其有妨將攝，此臣區區所切憂者也。昨者候班，雖有“勿問安”之教，寢膳諸節，未見頓勝於前日。臣未敢知殿下自量筋力，果能保無他虞耶？若或重違群下之請，强而行之，則實非大聖人愼疾之道也。仰惟宗社默祐，百靈扶護，庶幾有乃瘳之慶，又或諸證差勝，如向者錫宴之時，則徐待春和，追擧宴儀，管籥鐘鼓，孰不欣欣有無疾之喜哉？

至於春臺閱武之政，亦可謂非時。然聖意蓋出於詰戎，固難中輟，而春宮侍湯之中，不宜臨觀，替命命官，恐爲允當，幷乞裁處焉。

臣雖非言責，旣忝宰列。受恩罔極，圖報無階，忠愛一念，中夜耿耿，抱此憂鬱，不一陳聞，則是臣負殿下也。如蒙恕其愚而察其忠，則出位之誅，臣固甘心。臣無任兢隕俟命之至。

辭江華留守疏【庚子】

伏以我大行大王棄臣民，今已月有餘矣。仁心惠澤，浹人肌骨，窮深甿隷之賤，孰不奔走悲慕？如臣受恩罔極，不能身褥螻蟻，乃於繼照之初，猥蒙收敍，復齒朝籍，惟有俯仰號絶而已。頃於南宮之除，坐犯違慢，曾未幾日，又有沁府新命。臣於是惶駭感泣，莫知所措。

噫！臣事君無狀，獲戾先朝，每誦匪怒之教，心膽賈隧。雖天地至仁，暫施薄譴，爲人臣而負此罪，尙安所歸？含恩在髓，酬報無日，懷痛窮天，死且不瞑。在臣私義，惟當沒齒自靖，以訟前愆，豈有一分當世之念哉？顧今保障重寄，無論臣才分之不堪，卽此情勢，萬萬叵蹙。夫往役，勞事也，而臣則辭之；居留，美爵也，而臣則受之，其於臣子辭受之義何如也？臣雖不肖，不至全昧義理，其當辭而不敢受者，不待兩言而決矣。疾痛之極，不容緩聲，冒瀆嚴廬，尤增死罪。

伏乞聖慈曲諒哀懇，亟許鐫遞，使公而無瘝曠之患，私而免撕捱之誅，仍命重賜勘處，以安賤分，不勝大幸。

辭江華留守疏【再疏】

伏以臣昨陳血懇，恭俟兪音，及承聖批，不準所請，至令從速察職。臣誠惶隕抑塞，無所因極。仰惟旭日新昇，物無遺照，而螻螘之微不能自達於仁天，此殆臣辭不別白，有以致然。臣請悉暴肝膈，以聽聖明之矜察焉。

夫人臣出身事君，身非己有，南北東西，惟命是從。臣雖不肖，敢昧斯義？顧臣老母積疾纏髓，臣又獨子無兄弟。其窮孑悲苦，殆類古人“不一宿于外”者，而中年奔走王事，大傷親意，幾成無窮之悔。臣自是慼然驚懼，不敢復有宦遊之念，旣仕而辭其事，又非分義之所敢出。況臣一身去來若乘鴈，公義私情，宜若有輕重，遂敢有庚寅終養之請。先大王賜批，有曰“爾之情事，予甚矜憐”，臣每莊誦德音，一字一涕。獨恨臣誠孝淺薄，不能以陳茂烈之得於皇朝者，得之於聖君，旅進旅退，坐致高位，終自陷於因私廢公之誅，此臣之罪也。

季心一俠士耳，一朝有急，不以親爲解。今臣受國恩何如？一時往役非難也，而避之如死地，赫赫君命，臣則拒之；堂堂國綱，臣實壞之。有臣若是，雖萬戮而何惜？然而詩人不遑之歎，非勞者自言，蓋朝廷體其情愍其勞。而臣則不免自言，亦不能見信，大被督迫，至於如此，是臣十年竭心而苦籲者，都歸虛地矣。臣旣事親不誠，宜其不獲於上下，而人之爲人，惟忠信一節，捨是二者，何以事君？孔子所謂“民不得以治”者，亦是第二事矣。臣自遭此事，竊自傷悼，居常忽忽，若無所容。今若戴非常之罪，貪匪分之榮，出而承命，無所嚴畏，則臣之前後一辭一受，眞若較利害擇燥溼者然。臣雖刳心而自明，何可得也？亦以何顔復見淸朝士大夫乎？

噫！世道之弊久矣，躁競日甚，廉愧大喪，而巧占便宜，獨未有此一塗，誠不忍自臣啓之，以累始初淸嚴之治也。況今嶺左田役，迄未告完，原隰之臣，觸熱驅馳。而臣乃終年自如，燕息鞅掌，勞佚不均，而卒又揚揚於宰相回翔之地，在臣私心，安敢自安？國家刑賞之乖舛，亦豈至於此也？臣之抵死控免不得命則不止者，爲臣節也，爲國體也，非獨以一身廉義之難强也。

伏乞聖慈曲垂體諒，將臣職名亟賜鐫遞，申命銓部，更勿檢擧於朝籍，使臣守分訟諐，獲全微尙，實天地生成之惠也。臣無任涕泣懇迫之至。

辭咸鏡監司疏

伏以臣再瀝血悃，未獲矜允，竊自悼誠淺言拙，無以孚格仁天。方擬以病申聞，而北藩移除之命，遽出不意，臣誠惝恍震駴，莫曉所以。顧臣肝膈之懇，已竭於前本矣。以材力則一府猶不堪，况一道之寄乎？以情勢則後猶前也，豈昨之不可受而今之可受乎？古之人，固或有辭尊居卑，而今也保障、鎖鑰，其重一也，亦豈彼之可辭而此之可居乎？朝家所以處臣，殆同三四於朝暮，而臣又於是而取舍之，則此何異於龍斷者之左右望哉？臣之甘伏誅譴而决不敢冒承者此也，若其私情之迫切，亦有所惶猥不及陳者矣。伏乞聖慈念朝體之顚倒，不容苟據；察情跡之危隘，無望轉動，將臣職名亟賜鐫遞，使免公私狼狽之患，不勝大幸。

辭咸鏡監司疏【再疏】

伏以臣昨陳辭本，冀收恩命，誠意單淺，未蒙允許。臣於是狼狽惶憫，益無所措。噫！臣之力辭沁都，實以罪名非常，不可自恕；職守至重，未敢冒承。仰惟聖慈體下，宜若有以少伸私義，而節次遷除，誤恩横被，至令群聽駭而物情惑。豈謂臣樹立素汙，區區所守，可以遽變於斯須耶？夫一彼一此，無少軒輊，特職名不同爾，辭於前而受於後，寧有是理？果令臣貪榮冒赴，而曰此有道里遠近之殊云爾，則眞若欲進未進而故假是以爲名耳。是不獨識者恥之，臣亦恥之。士大夫去就得失，關時俗盛衰。臣雖不肖，職是命德，何敢自輕其身，以累聖治？

且臣病母自哭同氣，傷敗日甚，三夏毒痁，元氣如線，見今委綴床席，凜凜若難保。雖欲扶將跋涉於關嶺之外，顧安可得也？苟使臣廉義猶可强出，未害爲捧檄之孝，則咫尺居留之命，初何苦而固辭也？使臣情私不至迫切，可能爲叱馭之忠，則昨歲往役之義，又何爲以避免也？卽此二者，而臣之苦心危懇，庶或見諒於上下。苟非然者，亦宜亟加違慢之誅，無久病公私爲也。

顧念此職，已三易代矣。道臣之病未離危域，玉門生入，其情甚急。况朝家每於一二邑夫馬之滯，亦加軫慮，而北人迎新者，經夏涉秋，艱苦萬狀，遠道之人，尤豈不矜憫？臣旣自分其必褫，而猶復引日虛帶，則其爲罪益大，此臣所以疾聲連籲而不知止者也。伏乞聖明俯諒公私事勢，特賜恩遞，不勝大幸。臣於繕疏陳聞之際，竊聞復有催促之命，而情勢如右，轉動不得，罪上添罪，實合萬殞，亦願重賜勘處，臣無任云云。

辭都承旨疏

伏以臣祇役山陵，反命京闕，俯仰號隕，靡所逮及。以臣情地，旣無因仍在朝之勢，竣事之日，理宜自靖。仰惟嚴廬在疚，聖情皇皇，不敢以區區私懇，重犯瀆擾之罪，歸伏田里，第切悚惕。昨伏承承政院有旨，以臣爲都承旨，令臣斯速乘馹上來者，驚惶震越，罔知所處。

噫！臣之罪戾，臣固自知，臣節都虧，何以自立？顧事在先朝，未敢屢引，而追愆訟尤，雖沒齒而有餘矣。日者冒昧往役，蓋所謂“不於此用誠，惡乎用其誠”者，退塡邱壑，庶無餘憾。今若夤緣一出，便自處以無故之人，貪榮戀祿，乍退旋進，則其將爲何如人也？冗官散職，亦所不安，況此近密淸嚴之地乎？臣雖不肖，其於一身去就，講之已熟，慢命之誅，實所甘心。

且臣終養之願，已竭於從前章牘。伏況聖明上侍東朝，以孝爲治，若臣情理，宜在矜許，何待臣覼縷爲也？仄聞院中一空，出納甚苟，如臣在外應遞者，合賜變通。況軍銜下鄕，厥有禁令，而臣乃首犯，亦安得自逭於司直之論？輒敢冒死自列。伏乞聖慈亟命罷臣職名，使得守分屏處，以養病母，以終天地生成之惠，不勝大幸。

辭大司憲、實錄堂上疏【辛丑】

伏以臣昨陳危懇，顒竢兪音，及奉批諭，辭旨優渥，至以意非偶然爲敎。臣之行己本末，無可以見知於上者，虛紆隆眷，一何至此？緣臣無狀，坐竊高位，以之上累則哲之明，此臣之罪也。繼伏承承政院有旨，以臣差實錄廳堂上，令卽上來者。夫實錄纂修，事體嚴重，決非如臣寡識無文所敢與聞。臣於是且悸且恐，莫知所措。

顧臣難進之義，已悉前本，而若其區區情事，尤有萬分煎迫者。臣之老母痼疾嬰髓，居常懍懍，自經三朔毒痁，元氣澌綴，譬如下山之日，光景漸薄，今年甚於去年，今日不如昨日。此豈人子違側供仕之時乎？比來風氣乖常，觸感加重，眩暈之證，發作無常，委頓床席，昏昏度日。藥餌扶護，頃刻難捨，雖欲冒昧趨命，有不可得矣。近歲風憲長席，作一虛窠，已非朝體所宜，況此編摩之役，一日爲急。臣若因仍虛帶，不卽辭遞，則瘝曠之罪益大矣。

臣方治疏陳聞之際，伏見刑曹參判李台佐疏批，竊不勝感歎之至。台佐情事固可矜，而猶有兄弟若子姪，其視臣孑然一身左右扶將者，稍有間耳。以台佐而尙蒙諒許，況於臣乎？臣之終養之請，已歷十餘年所，亦嘗蒙先朝矜憐而慰諭之矣。自被譴以來，竊自悼誠意之不孚，不敢復以私懇瀆陳。今殿下仁推及老，政先體下，如是而臣乃不一籲呼，則是天矜于民，而民自阻於天也。在昔顯廟朝，大司憲閔應亨以老病遞，臣之外先文正公臣宋浚吉辭疏，引《中庸》體群臣之語而曰："'視群臣如吾四體'，今許應亨而不許臣請，則四體之中，不免爲二視也。"臣敢爲殿下誦之。

伏乞聖明察情理之不忍暫離，念職事之不容虛曠，將臣本兼職任一幷遞改，使賤臣同被一視之澤，聖朝益光孝理之化，實爲大幸。

大司憲陳戒疏

伏以歲月迅邁，常事隔旬，伏惟聖孝號慕，何以堪處？臣之屛蟄田廬，積有年所，釁咎至深，分甘自靖。而昨年一出，秪爲自附於往役，今殿下又以史役召臣，事體嚴重，義安敢坐辭？顧以情地甚隘，疾勢且劇，屢違恩諭，死有餘責。臣旣力辭不獲，理窮勢極，則惟有進而伸臣子之節，退而全咫尺之守。况當練期漸迫，尤不敢偃然淹伏，來詣城外，以請嚴誅。念臣虛帶憲職，已三閱月，違慢積矣；疏狀凡六七上，瀆擾甚矣。人臣負此罪戾，何以自贖？以臣滓穢之賤，其不容冒據巍列，不惟臣所自畫，通朝皆知之矣。雖被誅譴，萬無一進之理，仰恃仁恩，輒敢哀籲。伏乞聖慈先命有司，議臣辜犯，仍遞臣本職，以軍銜入參祭班，使廉義情、禮得以兩伸，不勝大願。

臣固不敢以言官自處，而耿耿愚忠，終未敢自隱。臣於乙酉年間，忝侍冑筵，妄因文義，仰問殿下自期以何如主，殿下擧程子對神宗"安敢望堯舜"之語而詔之曰："予所期，亦豈淺淺哉?" 臣起賀曰："此宗社、生民之福也。" 遂引堯舜孝悌之道，反復而申告之。殿下尙能識有之乎? 臣常莊誦欽歎，竊自謂堯舜之治，庶幾見之。夫何卽阼以來，凡百施措，委靡怠豫，了無一言一事可以上答天心、下慰民望者? 殿下以有爲之資，居可爲之位，平昔自期者何如，而今直爲此沓沓也? 臣於其細者微者不暇論，請先以數事陳之。

今玆三年之制，一洗前代之陋，殿下所以善繼先志者，實帝王之大孝也。然而苟無其實，是亦文而已矣，其於禮何? 近以親享事進諫者衆，而不得感回天聽，中外憂鬱，日以滋甚，及夫日昨備忘下，而少可以解群下之惑矣。然而雖微聖教，群下固意其如此，苟非然者，殿下豈爲是哉? 若臣區區之憂，猶未敢遽已。夫疾病之來，聖人所不免。殿下上爲宗社若慈聖，宜不敢自輕，而若其哀痛慘怛之出於天者，則是欲抑之而不可得。雖於拜跪之際，不能如禮，殿下所自盡者，惟有瞻展、哭泣之節，而開歲以後，尙未一番省拜，大小享祀，動有如不祭之歎。筋力不及，固無可奈，而隱之於心，其果自安乎? 殿下前後下敎，輒有愧悔之意，良心眞切，善端發見，油然有泉達火燃之勢，卽此而充之，尙庶幾也!

嗚呼! 日月易得，孝思無窮，往者不可挽，來者猶可追。況今練前殷奠，獨有此朔日，幸而受鍼停止，脚部酸疼之候，亦旣少減，殿下不於此展哀，更待何時? 頃者四享定式，已大違禮典，而殿下又不克一踐其言，則及今改圖，尤有光於日月之更矣。或者聖候未盡平復，則臣於是別有獻焉。先正臣文敬公金集年八十，病未能拜起，作文告其家廟曰："雖或參祭而力有不逮，不能逐節盡禮，則隨時量力，只自俯伏於位前，使執事者代攝，猶愈於元不與祭者。"夫豈非禮，而先正行之？此足爲上下通用之權宜。

伏乞聖明亟下明教，親行朔奠，如或難於拜跪，則祼薦一節，令大臣代行。此後享祀，亦必量筋力而行之，要皆自盡於聖情，則方可以大慰中外之心，永繫神人之望矣。苟或不然，而但曰"前日備忘，足以使人曉然"，惟每每攝行而已，群下又從而莫敢言，則是上而禦人之諫，下而成主之過。臣爲是懼，不敢不妄陳先事之戒，惟聖明恕其愚而察其忠焉。

朱子曰："身如一屋子，心如一家主，有此主然後，能灑埽門戶，整頓事務。"匹士猶然，况殿下身爲兆民之主，心爲萬化之原，不於此立得根本，更論甚事？蓋心是活物，一不自覺而馳鶩飛揚，以徇外物，則一身無主，萬事無綱矣。人主深居九重，其本源之微，似未易窺測，而所以有諸內形諸外者，自不能掩。殿下臨朝視政，專尙淵默，凡於是非白黑之間，殆若無適無莫，大小政令，一切置於悠泛之域，若與一箇身心不相關涉者然。以是下之所以奉承者，率皆牽補玩愒，苟度時日，茫然若墮深井之中，如是而能爲國者，未之有也。

夫讀書講學，所以湊泊此心、維持此心。故明君哲辟，莫不以勤御經筵爲第一務。殿下試觀前史，曷嘗有臨御之初，終年不一開講者乎？始也猶可諉以講官缺員，今則群彦濟濟矣。國家置玉堂，其將使之伈伈守直而已哉？承宣入對之規遂廢而進見益踈矣，殿講親政之擧間有而緩急倒置矣。賓廳次對，國之重事，而廈氈吁咈，不出一唯字。苟如是而止，則雖三接之勤，亦何益之有？殿下旣深拱宮中，罕見臣僚，臣未敢知居常所親近者誰歟？所做措者何事歟？人君之蠱心喪德，非必聲色馳騁爲然，一念之怠，足爲喪邦根柢，甚可畏也。

嗚呼，天災日臻，人心日離，私意日益肆，義理日益晦，刑政日益紊，紀綱日益頹。然而猶不至於遽亡者，惟先王德澤之在人也。殿下其可恃此而自逸乎？朱子曰："今日之事第一，惟是勸得人主收拾身心，保養精神，一以天下國家事爲念。"此正爲今日對證之良藥。苟殿下以臣此說，反之於心，察其存否，驗其勤惰，必學以開之，敬以持之，如謝氏所謂"惺惺法"、許衡所謂"雖在千萬人中，常知有己"者而後，方有用力地頭，而首將從前豫怠之習，濬發德音，痛自刻責，則凡臣所論諸事，自然綱擧而目張，上下之間，情萃神會，一言之頃，風動神速。其斡旋之機，不啻若反手？所以爲堯爲舜，亦不外於是心矣。殿下何憚而莫之爲乎？

仍念近日諸臣章奏，非不懇切，聖批亦非不嘉納，而卒未見採用之實，此殆近於"說而不繹、從而不改"者。今臣所陳，固非別件事，而首尾惓惓，蓋竊附於先格之義。殿下若又曰留意而已，則臣復何望？臣受恩兩朝，致位至此，靜念王室，中夜涕泗，身旣遆朝，義不敢默無一言。幸殿下深惟而亟行之，則臣雖退伏畎畝，亦與有榮矣。臣治疏未及上，以實錄廳草記，召牌辱臨。而無論臣才分之不堪，本職未解之前，尤無一分冒承之勢，坐犯違逋，益增死罪。伏乞重賜勘處，以勵具僚。臣無任激切祈祝之至。

別諭後，再辭都承旨疏

伏以臣昨陳危悃，恭俟兪音，及奉聖批，誨責溫諄，至曰“每引控免，何日事君”。噫！犬馬之戀，臣亦有之，一讀一涕，何以爲懷？然而臣之苦心血懇，尙若有未盡見諒者。夫君臣之分，固無逃於天地之間，而公義、私恩，或有時而相奪，此古人所以有日長日短之說也。臣自庚寅以來，屢引終養之請，猥蒙先大王矜憐，凡有籲號，輒皆許副。曲遂之意，臣實偏被，而卒乃自陷於重戾，於此可見臣窮隘之情矣。

顧今聖上上侍東朝，以孝爲治，若臣情理，宜在矜恕，切願閔下之天特丐事親之日，此豈臣全昧分義而然哉？臣母背腫已浹月，而瘡根未盡去，浮氣未盡消，餘毒所蔓，數癤傍生。以積病而當酷暑，呻楚至此，澌薾可知，而臣於前疏，嫌於煩瀆，未敢縷陳，以致有“想已差矣”之敎，此亦臣誠孝淺薄之罪也。至如別諭敦召，卽不常有之典，是宜施之於耆舊重望繫時安危者，臣是何人，亦與其中？況十行綸音，隆重勤摯，有非臣所敢聞者，震惶駴惑，莫知所以致此也。

噫！臣本非潔身自重之士，進由科目，意在祿仕，而踈迂病孱，無供世之具，中間引分屛處，實出情私之不獲已。而亦嘗旅進旅退，近嬰釁咎，情跡益蹙，展轉積逋，蓋十年有餘矣。若以臣謂時事無可爲而遽懷退遁，則已非有一毫近似者，而以臣去就，若有所增損於時者，尤豈非萬萬本分之外哉？

聖諭所以過自引咎者，卽成湯在予一人之意，在聖德固爲增美，爲臣子而得此敎，何地自容？臣雖不肖，粗聞事君之義，豈不知陳善之爲敬，責難之爲恭？而顧其誠不足以見孚，言不足以見槪，假令臣冒沒復進，不過苟竊廩粟，決知無絲髮裨補。則惟有退守拙分，獲全微尙，縱不免違命之誅，亦或爲不報之報矣。

今日此擧，固是上下警勵之機，而緣臣無狀，致辱誤恩，秖令國體輕而物情駭。臣之區區憂慨，豈但爲一身狼狽而已？見今情事煎迫，無由聽命。司敗、出納之地，何等緊重？而瘝曠又至此，惶慄罔措，不敢不冒死煩控。臣節都虧，萬殞何贖？伏乞聖明俯垂鑑照，先收匪分寵命，盡革本兼職名，仍許臣終養，以卒大恩，則臣雖伏慢蹇之誅，亦所甘心。臣無任戰越俟命之至。

辭行副提學疏【乙巳】

伏以天降割我邦，先大王奄棄群臣，方中已訖，率普痛深。

伏惟聖上踐位嬛疚，何能堪處？臣禍孽餘生，流落窮山，實無絲髮世念，惟與村隣老羸日祝德化之成，枯死邱壑，亦無憾矣。乃於千萬意象之外，天書遠辱，畀臣以玉堂之長、經筵之官，馹召臨門，寒谷生陽，惝怳驚疑，五情震蕩，不覺涕泗被面也。臣本無似，濫蒙兩朝恩遇，十年之內，五叨本職，而未敢一趨命，豈意今日重累一初之政？况向來臺言罔極，雖罰止黜削，而人臣負此罪，將焉所歸？然而此猶未暇陳暴。蓋臣有積年痛寃結轖於中者，若不疾呼於旻天，更將赴愬於何地？

竊念臣仲父臣晩成頃年遘禍，只由於出李森爲湖閫一段矣。夫以本兵而進退武夫，固職耳，况復有大臣分付者耶？是以玆事之始出也，雖以一番人樂禍之心，猶皆曰此無可問，以之閱月醞釀而後發。及夫爰辭之直對也，其讞奏之言，亦不得不曰"大臣分付，銓官奉行，自是古例，別無更問之端"，纔請酌處，換面沮格。本事之外，輒復粧撰洪致中酬酢說話，必欲敺之罔測，而致中旣在實狀難誣，則旋又狼狽中止。百計構陷之跡，觸處破綻如此，迄可休矣。而又以登對稟處羈縻之，遂使兩朝老臣一被拘縶，閱歷凉暑，卒不得生出圜戶。嗚呼天乎！尙忍言哉？

臣仲父謹愼敦確，一節終始，炳然忠赤，國人咸信。而望之攸歸，禍則隨之，世道波蕩，首被竄逐，竄逐之不足，乃擠之死地。顧其所遭，直一差除間事，無他一言一字之可以捏合疑似者。故以逆鏡、師尙輩爲獄官，而累月鍛鍊而不能得，特爲數三怨家所持，以至此耳。死之日，衿紳、韎齡以至輿儓之賤，莫不齎咨惋傷，人心所同，大可見矣。然而彼禍心未艾，毒焰猶張，無倫絶悖之言，疊出於身後。其廣布機穽，外緩中密，至此而畢露其情矣。嗚呼天乎！是可忍耶？

向非先大王至仁厚德之所曁，臣之闔族，安得保全至此？及今离明繼照，解澤旁霈，流者移逐者還，而死草枯根，獨不可復春矣。噫嘻！尙何及哉？臣幼而失怙，拊育成立，惟仲父是賴，實有四十年父師恩義，而禍變之日，不能碎首九閽，以明厥心，跼蹐天地，何所自容？惟走入深山，鹿豕與群，草衣木食，以終餘齒耳。臣旣靦然苟活，式至今日，幽寃未洩於九地，寵光先及於一身，俯仰慙痛，誰因誰極？如是而又復貪榮冒進，以爲彯纓結綬之計，則人理幾息矣。伏聞頃日求言之旨，有曰"窮人抱寃，未達九重歟"。辭意惻怛，可泣神鬼，而臣乃抱玆寃鬱而莫之聞，是至仁者天，而人自阻也。今殿下召臣以職名，臣又懼其猥越，不一暴私義，則生無以擧顔於世，死無以見仲父於地下，玆敢冒死流涕而陳之。

伏惟聖慈明並日月，俯垂鑑燭，使窮天徹地之寃得以自伸於容光之下，則殞首結草，不足以報萬一矣。如臣情迹，不容一日冒據於巍列，亦願亟行鐫削，還其賤分，且治瀆籲崇嚴之罪，以勵臣節，不勝大幸。臣無任瞻天望聖懇迫竢命之至。

辭吏曹參判、實錄都廳堂上疏

伏以天祐宗祊，儲嗣早定，億萬斯年之慶，中外同忭。臣於頃者，敢陳崩迫之懇，猥越之極，無所逃誅。伏見批敎勤諄，旣痛察群壬逞毒之狀，而於臣仲父事，俯垂憫惻，所以照燭本心者，殆無遺蘊，死灰復然，枯骨重肉。未死餘喘，豈意躬承德音？口誦心念，一日百回，瞻天望闕，有隕如瀉。從古人臣懷忠枉罹，能得此於君父者，有幾人哉？臣雖夕死，猶可藉手而見仲父矣。死者有知，又如何報也？

伏聞本月初二日筵中，特命復官，闔門感泣，益不知死所。嗚呼！聖明赫然臨下，有枉必伸，譬如高天覆燾，萬物自然曲遂，其扳號而祈望之者，固妄也。日昨憲臣疏中，擧臣前籲，斥之以"君誣未雪，國賊未討，何可以私家伸暴爲急"，此又是一層義理矣。夫生三事一，所在致死，臣亦有所受矣。然情急而不暇緩者私也，以法義裁之者公也，臣當受罪而不敢辭矣。

向於館職未解之前，再伸控免，且以初疏時誤書經筵官銜之已減下者，有所自劾，而喉司以移職還却矣。惟玆東曹亞席、實錄春秋，臣於辛丑赴國祥之日，一時忝竊，而揣分量力，不敢進一步地，朝家亦知其不可强而許之矣。今日恩命，又胡爲而及於臣身哉？臣自十數年前，已陳乞身之請，迫於情私，積逋威命，終陷大戾，矢心自靖。區區去就之義，同朝豈不相悉？而特取其舊踐，苟然充數耳。跧伏窮山，徒辱寵經月虛縻，已非賤分所堪，而三日之內，旣遞旋授，其於國體如何也？臣於是公憂私悶，不敢晷刻自安。瀆擾之懼小，瘝曠之責大，不得不重浼崇聽。

伏乞聖慈諒臣衷悃，亟將本兼職任并行鐫改，回授在朝之人，使不至許久撕捱，仍治臣蔑分妄黷之罪，以嚴公體，以伸臺議，不勝幸甚。臣無任含恩戴罪屛營懇祝之至。

辭大提學疏

伏以臣辜恩慢命，罪在不赦，聖量過容，溫諭輒降，其在私義，彌深悚蹙。顧玆銓貳，至爲緊重，緣臣缺員，今幾月矣。臣旣不能勉承德意，則惟有更竭衷懇，以請譴罰矣。伏奉本月初六日敎旨以臣守弘文·藝文大提學、知成均事者，聞命震駭，置身無地。

竊念國朝尙文治，以故最重文衡。其爲職，實關文敎盛衰、士風汙隆，掄揀之際，必招政府、六卿而廣議之。是又他職之所未有，其難愼可知也。見今世道交喪，詞學俱壞，振作之責，專在是任，況當聖主初服，所宜極一時人望，以賁新化，而顧乃不擇，誤及愚庸，則臣莫知其何說也。蓋臣天資魯下，無他技能，少時雕篆，徒竊場屋間虛聲，而不過扮作色澤，以悅人耳目，內壞心術，外慙有識。高科美官，皆臣不幸，中年屛居，間閱古書，不無桑楡息補之願，而心力不強，疾病侵尋，五經、諸子，十不一窺，因循寡陋，虛度歲月，居然作無聞之人矣。

至於詞章藻繪之工，才既不逮，性又嬾爲，古文蹊徑，固非可論，俗下應副，遇輒赧縮，館閣贍敏之手，人亦不以期臣。況自禍故以來，自放窮山，沈憂積畏，世念都冷，豈有餘力可及筆硏？加以髮白齒落，視聽全衰，神枯氣竭，文亦隨之，幷與從前涉獵者而忘之矣。臣之本末長短，已盡於斯，而猥登薦剡，至辱睿。此無他，以臣在朝日少，大小辭命，不曾一試，又屛廢多年，或意有分寸之得，而不知空空若此耳。臣若幸人不知，强不能以爲能，則是爲自欺而欺天矣。區區此言，實出肝膈，上天鑑臨，其敢矯飾？臣不暇盛陳職事之重，只明不文之實，蓋恐國朝重文柄之意，至臣而隳矣。恭俟駁正，亦旣多日，一日虛冒，尤增一日之罪。

伏乞聖明稽《書經》"官不必備"之訓，察虞人死不敢往之義，亟改新授三館之任，以愼名器，所帶銓職，亦行鐫遞，幷幸公私。臣無任跼蹐悸慄之至。

陳去就，辭銓職疏

伏以臣竊聞春宮邸下痘候底安，藥院撤直，大庭揚號，實宗祉無疆之福。如臣屛廢，縱不能同此呼蹈，慶忭之忱，曷可勝旣？日被誤恩，虛冒重任，批諭隆摯，筵敎勤諄，而俱不得奉承，徒令職務稽曠，罪戾層積，惟惴惴日俟威罰之加。乃蒙聖慈俯軫朝體，特賜鞶帶之褫，俾釋蚊山之負，於公於私，誠爲萬幸，攢祝洪恩，天地莫量。惟是銓任尙在身上，未有通變之擧，此特以兩堂無故，猶可以推移耳。然國家設官分職，蓋欲集思慮廣聞見，以贊平明之政，豈但使許久遙帶，作一虛位也哉？臣之瘝曠之誅，固不暇言，其如國事何？況大政當前，理宜備員，此臣所以冒昧陳籲，仰冀終始之惠者也。

抑臣於向日開釋之旨，實有所萬萬惶恧者。賤臣母子情理之悲切，已因大臣陳達，猥徹崇嚴，而若其一段苦心，非臣自言，聖鑑何由下燭？臣於庚寅年中，敢援皇朝陳茂烈故事，願乞終養。聖考恩批，有曰"爾之情理，予甚矜憐"。臣終身莊誦，一字一涕。其後逋慢之積，殆不可勝贖，而過荷陶鎔之力，得保咫尺之守，畢竟往役，亦不能自效，歸身都下，恭請威譴。雪霜雨露，何莫非造化？而衷情未白，弓劒云邈，懷痛窮天，死亦難瞑。然而當時罪孼，臣實自作，比若癡子恃驕，若不知尊畏，而慈父訶責，都出於至愛。臣雖無狀，豈敢自疏於先朝匪怒之敎哉？顧臣所竊自悼者，臣之事親既不誠，固不能信於友，又無以獲於上矣。捨此誠信一節，何以事君？況臣子之職，一視夷險，苟於胸中有一點趨避底意，便是不盡分處。

臣嘗反復較絜於公義私恩之間，自量以私害公，不止往役一事。如是而猶復旋進旋退，巧占便宜，是將重得罪於君子矣，從玆以往，矢心自廢。大行朝初服，卽蒙敍復，或外或內，除命聯翩，間又辱別諭，臣豈不感激恩數？而方中役召之外，一切辭免，卒不得一近淸光，遂成終古之恨矣。禍釁不死，獲覩今日，奸凶迸黜，寃枉畢伸，四方黎獻亦皆聳瞻新化。況臣家尤被罔極之恩，一謝天陛，退塡邱壑。臣豈獨無此心？ 而跼蹐盤桓，終不能進得一步，此皆臣自罪深而自晝久耳。

臣之去就本末，大略如斯，而聖敎以臣有若自處以山林。噫！臣本科目常調，無他志節，只是嬰釁抱疾，作一田野之逋臣，豈有毫毛彷彿於高蹈之士？ 臣雖愚妄，所自處必不至此，此亦臣未信之一端也。然朱子曰："士大夫辭受出處之得失，關風俗盛衰，不可以不審。"臣自知陋劣，無足以報，惟有沒齒省咎，甘心自靖，上而補聖主孝理之化，下而爲人臣蔑義之戒，猶足爲不報之報耳。誠不忍以不肖之身，冒貪榮祿，徒喪素守，以重傷殿下勵廉敦俗之治也。區區此言，非有假飾，皦然寸心，天日臨之。伏乞聖明曲垂矜察，將臣本兼職任一幷鐫改，使臣卒全微尙，不勝大幸。

臣仲父判書贈左贊成臣晩成，前月晦前蒙恩賜祭，王人遠辱窮峽，闔門益復感泣。臣旣在外，無路請暇，而情理又不忍不往。歸後卽宜首實，以請徑情往返之罪，而暑毒所中，腹脹卒祟，喘急神昏，殑殑欲盡，涉旬泯伏，今始自列，尤增死罪。臣無任涕泣祈懇之至。

入城後陳所懷疏

伏以臣於頃年，抱釁逃禍，自竄峽峎。乃於深山窮谷之中，伏奉大行大王諱音，北望哀霣，號呼靡及。顧蹤跡至危，不敢奔赴闕外，方中之日，又阻水潦，中途廢然，秖從在野哭野之文，分義埽地，懷慟窮天。日月馹流，練事奄迫，祥前殷奠，秖有此望日，不得不舁疾入城，一參散班，少洩餘痛。而日者別諭，有曰"君臣之間，豈有一不相面之理"，一讀一涕，何以爲心？臣雖至愚，亦有犬馬之性，豈不欲進瞻耿光，退塡邱壑？而罪廢多年，矢心自守，一謝恩命，其路無由，回瞻禁闥，但切馳情。至於補我不逮之批，聖上所嘗施諸大僚耆儒，豈臣疏賤所敢承膺？況臣識慮淺短，且無忠信善道素結於君父，雖欲罄竭愚衷，終是未信而諫，豈能仰裨聖德之萬一？然而臣於在野之日，聞殿下一令之善，則喜而忘餐；見殿下一事之失，則憂不能寐，臣亦不自知何心。今殿下求見臣，而臣義不敢進，身不能進，而言猶可進，此又不能，則君臣之義廢矣。

昔朱子將赴召也，問其師以方今所當言，則曰"三綱不正，義利不明"，朱子遂以此爲告君第一義矣。今之國事，不幸類此，使臣不言則已，言則捨是說奚以哉？嗚呼！君臣父子之大倫，所謂天之經、地之義、民之彝，一有斁敗，則人而不人，國而不國矣。義者，天理之公；利者，人欲之私，二者之間，不能以髮。而今則毫釐謬以千里，正詭混爲一塗，義理晦蝕，私慾滋蔓，泯泯棼棼，靡所適從，臣未知今日世道，將如何救得也。

天生司牧，匪惟亂民，亦惟師道是畀。今殿下以聖智之資，處君師之位，上天之眷顧方新，列聖之付託甚大，所以明天理正人心者，非殿下之責而誰也？然人君一心，萬化之源，君心正則朝廷正，朝廷正則萬方正，此理之必然。卽今日之治象，泝而上之，以求其所以然之故，則無乃燕閒蠖濩之中，虛明應物之際，所謂天理有未純耶？所謂人欲有未去耶？天理有未純，故爲善不能充其量；人欲有未去，故去惡不能除其根。甚至一念之頃，公私邪正是非得失之機，未嘗不分明角立，交戰於其中，而終是人欲勝而天理負矣。此非臣妄度，生於其心，害於其政，發於其政，害於其事，聖人復起而不易，孟子豈欺我哉？今之雪君誣討國賊，爲舉國大論，殿下已飫見而厭聞矣。然而此係天理民彝之大者，聖心之所蔽惑，亦無大於此。臣請先就頭腦而論之。

恭惟大行大王溫文和粹，寬厚慈良，孝友之德，逈出百王。不幸邦運艱難，三四年來，世禍斯酷，臣以胄筵舊物，獨遲一死。以平日聖質，參諸事爲，決知非先王本意。譬則雪霜霣薄，而天地之心未嘗不仁；雲霧障翳，而日月之明未嘗不在，顧何損於聖德哉？彼群奸乘時猖獗，戕害我善良，變更我典章，凡有作爲，動稱稟旨，退而揚之於外曰："聖斷赫然。"嗚呼！是豈眞心愛先王哉？向聞聖教，有曰"姦壬欺蔽四聰，擅弄國柄"，則殿下亦旣洞知之矣。然而語關先朝，輒曰"不敢言，不忍聞"，此孝悌之良心也。然殿下試思所以不敢言、不忍聞之由，則當日群凶之罪，益不可勝誅。以不敢言、不忍聞之心，沫血飮泣，憤痛疾惡，爲先王討亂臣，以泄神人之憤，是乃所以爲孝悌耳。

疾病之來，固聖人所不免。然今日上下，亦何忍無端提起？又不可有所挾雜。但當以至誠惻怛之意，微婉其辭，斷斷爲先王明其本心，此其義理明白潔淨。殿下苟於此，看得透守得定，則初何待群下之强請，後豈爲異言之撓奪？是則殿下至誠惻怛之意，不能勝目前計較之私，畢竟把作大禁者，適足爲群奸計也。噫嘻！先王盛德至仁，其終掩翳而不章耶！殿下不此之思，間引一時批旨，有若以是爲善繼述者然。何殿下察於小而遺於大，蔽於近而昧於遠耶？臣竊傷之。

噫！君無嗣則介弟爲嗣，殷及之遺制，參決代理，又吾先王所行，則爲人臣子，孰敢懷二心於其間哉？彼一番人積爲名義所困，其欲一快禍心之日久矣。顧先王聖德淵深，無所售其計，則遂乃挾一己狠毒之私，角戰宗社之大策，煽動浮言，熒惑人心，終至指建儲爲廢立，以代理爲簒奪，則其將置儲君於何地？然則不待鏡、虎言出，而殿下之誣，已罔極矣。然而殿下所以處之者，無他道理。蓋肅考之遺教付囑，爲宗社也；先王之體先志稟慈旨，亟決大策者，爲宗社也。殿下出閤辭位，不止一再，其困迫危懍何如？而猶不敢輕千乘之國，以伸匹夫之節者，亦爲宗社也。彼誣悖之言，於殿下何病焉？

殿下一身，卽宗社之主，殿下亦不得以私之。彼建儲諸臣，非有私於殿下，實爲宗社大計，殿下苟有德之之意，是私也。彼謀危儲君，實得罪於宗社，非殿下之私讎，殿下苟有讎之之意，是私也。殿下秖當以爲宗社三字揭在額上，命討刑賞，一循天則，於殿下何與焉？殿下每曰“吾心泰然”，殿下之心固泰然矣。而其見於事，則只是計較利害，曲避嫌疑，雖自信其泰然，無以服中外之心，必以大公至正之道，臨之而後，乃可謂泰然耳。夫周公以叔父親相孺子王，被流言之謗，遇人倫之變，其危疑可知，而其處己也，夔夔然存恭畏之心，蕩蕩焉無顧慮之意，故詩人歌之曰："公孫碩膚，德音不瑕。"使周公不能夔夔蕩蕩，而惟嫌疑是拘，則抑將滋天下後世之惑，何以爲周公？韓愈曰："作人如周公，亦可以止矣。"殿下不欲爲周公，欲爲何如主也？臣竊憫之。

凡此事理，皎然易曉，坦然易行。而殿下直以一己私意，狃斷牽拖於其間，以致此紛紛耳。朱子曰："思索義理，到紛亂窒塞處，須是一切埽去，放教胸中空蕩蕩地，却擧起一看，便自覺有下落處。"臣竊謂不獨讀書爲然。殿下試於此事，用下此法，則其或不終日而犁然有覺矣。

夫心者，天下之大本，而其爲用不能一一中節，纔繫於物，便爲所動，或事未至而先有期待，或應事時偏重，或事過後戀着，是皆意、必、固、我之私也。臣未敢知殿下受病之處，果安在歟？喜怒，固心之用，而喜而賞者陽也，怒而刑者陰也。聖人未嘗不好賞而惡刑，然猶不能全廢刑辟，惟欽哉欽哉之旨，通貫於五刑矣。今殿下徒好無名之賞，而於罪辟則不論輕重，一切寬覆，率示哀矜之色，非徒不忍，常若有欲人不怨之意。夫古之王者，殺之而不怨，利之而不庸，以其處之無心，如天之自然而春、自然而秋耳。人情孰不喜賞？而或出於私意，則賞之而不喜。孰不惡死？而一處以公心，則死者亦不怨矣。

見孺子入井，而怵惕惻隱，固良心也，而或有內交、要譽、惡其聲之念，相續而生，則是私也。胡廣仲以是念爲易去，朱子責之。殿下試以此自反，近日處分，其果一出於天理，而非私智之所爲歟？子產以其乘輿，濟人於溱、洧，孟子譏以“焉得人人而悅之”。諸葛亮治蜀以大德，不以小惠，其言曰“我心如秤，不能爲人作輕重”，程子許以庶幾三代禮樂。此兩人者，一念之微而王霸分焉。殿下試思之，孰得孰失孰賢孰否？夫千乘之國，非小也，殿下謂可以私恩小智，把持牽架而爲之耶？

張子曰：“心小則百物皆病，心大則百物皆通。”蓋天之爲體，至大無外，凡人賦性，稟得其全。故本心廓然，亦無限量。惟其梏於形氣之私，滯於聞見之小，有所蔽而不能盡矣。孟子又發揮出浩然之氣。夫天人一也，更不分別，一爲私意所掩，則欿然而餒，知其小也。故浩然之氣，須於心得其正時識取。臣不敢知殿下淸夜穆然之中，默察心體，果能廓然而識其大耶？抑或欿然而知其小耶？彼廓然浩然者，本自如天，而殿下之自小如此，不過一私字爲祟耳。嗚呼！殿下其終不能擺脫也耶？

夫天地之理，至實而無一息之妄，故自古及今，無一物之不實。聖人之心，亦至實而無一息之妄，故自始至終，無一事之不實。是以朱子曰：“天地之生萬物，聖人之應萬事，直而已矣。”殿下試自念，卽阼以來所做措者，其果自始至終，無一事之不實乎？

殿下居儲之時，險阻艱難，旣備嘗之矣，動心忍性，增益其所不能矣。上爲宗社，下爲生靈，不敢自輕其身，則凡於防患處變之道，固未易一一守經。及夫大位旣定之後，所宜廓揮乾斷，一循公理，首明先王本心，快正奸凶罪惡，使中外曉然知大聖人處分，則一言足以破群壬之膽，服擧國之心矣。殿下不此之爲，乃於捭闔張翕之中，枉用心力，恐動脅持之言，不免先入，禮數之隆，甚於加膝；命令之失，駟或不及。然而此非殿下所樂爲，其時國勢旒綴，人心危虞，陰陽互爭，勝負未判。使君父隱忍至此者，此群下之罪也。然而天地之中，自有一段誠直道理，殿下反之於心，其能自慊而不疚歟？

我肅考丙申大處分，先後始末，疑若不同，而雷厲風飛，乾旋坤轉，未嘗有毫髮私意凝滯於其間，故廓然大公，如靑天白日。今殿下則不然，斡旋之後，猶不忍一刀割斷，務欲宛轉委曲於人情事勢之間，行一事則疑其前後矛盾，發一言則慮其首尾衡决，反復繳繞，苟且遮護，遂有非仁之仁、非信之信，此皆殿下始初不誠之失也。君子之過也，如日月之蝕，過也人皆見之，更也人皆仰之。殿下試誦此言，聖人胸襟，何等灑落？

程子曰："閱機事之久，機心自生，如種下種子。"臣恐殿下病種留在心下，做出百般病痛，此而不除，何事可做？殿下亟就一念不誠處，痛自繩削，先將向日不誠之由，明示悔悟，此後一言一事，動以誠直爲準，今之國事，尙可爲也。如又順而爲之辭，則眞孔子所謂末如之何也已矣。殿下此心，實宗社安危之機，世道升降之會，勿以臣言妄而忽之也。

嗚呼！國之有紀綱，猶人之有脈，脉絶者死，紀綱壞則亡。古之振紀綱者，不過明是非公賞罰，使一世之人各自矜厲，以去惡而從善，不待黜陟刑賞一一加諸身，而風俗立變矣。顧今人心之陷溺，已到十分地頭。彼群小，乃祖乃父事我先神后，服勞我王家，獨非我祖宗臣子？而特以患得失之心，便無所不至，貪饕富貴，恣行胸臆，寧禍人家國，而惟恐積忿之不快、私欲之不饜。《詩》曰："不愧于人，不畏于天？"彼一段秉彝或未全泯，意者幽獨之中，自然顙泚而顏騂矣。況巨慝之外，不無淺深緩急之殊，而色目之中，無力拔出，有若走阪之丸，自駐不得。殿下苟能痛析是非，昭示典刑，處置得宜，大服人心，使皆知惡之可羞、善之可慕，則彼將悔舊圖新，偕之蕩平之域。而殿下不惟不能討罪，輒於是非源頭，含糊而蕩汨之，忠逆不分，名實相戾。善者何所勸？惡者何所懲？紀綱何由而立？習俗何由而變哉？是則聖上所欲化其惡者，適所以長惡；所以紓黨禍者，適所以益禍，此豈聖上仁之之道乎？

昨年殿下赫然誅鏡、虎也，前之謂有社稷功者，猝變而爲逆，或以因循不討自罪。其勢雖使光佐治泰億，泰億治光佐，亦將馳騖之不足。是豈但殿下之威使然也？彼群壬自知罪負至重，一一莫逃於天日，祖宗三尺森嚴，足以褫魄而喪心耳。其終也，犯分干紀擅作威福者自若，陰結妖宦謀亂宗社者無誅，是國而無法也。設令殿下一向假借而寵用之，或恐其一日覺悟而不自安矣。殿下旣洞知其罪惡而曲爲之庇覆，今則何所畏而不之肆乎？是將受惠而不以爲惠，負罪而莫知其罪，氣豪意健，益無所忌憚矣。在廷諸臣固皆隕心解體，而百姓無知，又安知不轉生疑惑也？夫是非不明，則民志靡定，民志靡定，則紀綱崩而禍亂隨之。殿下方雍容暇豫，獨運聰明，自謂“吾威中有恩，足以籠罩一世”，而殊不知三綱淪九法斁，臣而不知有君，子而不知有父，人心僻違，國勢危棘，殿下亦將何所恃而爲安哉？此不待智者而懍然寒心矣。噫！今之世道，誠若莫可奈何，而苟以至誠大公四字，行之不息，則天下無不可爲之時，天下無不可化之人，天下無不可處之事矣。殿下何憚而不爲，徒區區於鑿智偏見之末耶？臣竊惜之。

嗚呼，義理之晦塞久矣。擧世滔滔，徒知有利害，不復知有義，而殿下又以一箇私躬行而率之，上下大小大都墮在私意窠窟矣。士大夫一經斬伐，氣節消磨，譬如霜餘，草木苶然無生意，雖辛勤扶接，尙患其不能振作，而殿下徒欲以爵祿縛束而馳驟之，國朝崇禮敎尙名節之風，其不可復見耶！

討逆，公也，而今之廷臣，有若私有求於殿下，聖意所向，莫敢違咈。雖臺論之重發者，勒令停止；如爵賞之過濫者，一例遵奉，馴致乾道日亢而臣道日卑。朱子所謂“某日詔書，奴詬大臣，豕視庶位。自此人主心益肆勢益孤，賢人君子日益消縮，不願立於其朝，持祿保位之士日益聚”者，殆近之矣。況臺諫，人主之耳目，而殿下旣陵轢之矣；士林，國家之元氣，而殿下又折辱之矣。自廢其耳目，自戕其元氣，而傲然自聖於上，如是而國不危者，未之有也。夫以大舜之聖，取人而爲善；文王之德，望道如未見，而殿下每有好勝自用之病，絶無屈己受善之美。《書》曰："謂人莫己若者亡。"孔子曰："惟其言而莫予違，不幾於一言而喪邦乎？"殿下試念及此，其不怵然於中乎？

且臣竊聞殿下嗣服之初，有以尊奉私親一二事導諛，而殿下引大義却之，遠近傳誦，咸曰聖主出矣。曾未幾何，祠屋新成，勒買宗親之家，過費鉅千之財，向之引大義却之者，果安在哉？惜乎，善端之乍見而易晦也！東宮疾患之平復，豈非宗社之大慶？醫人除邑，本非美事，而頒赦之夕，汲汲行之，一日之政，多至二人，以至破先王金石之典而莫之持難。甚矣，私意之易發而難克也！

宮中、府中，俱爲一體；巡校、掖隷，同一臣庶。臣未知可怒而當罪，爲執法者耶？爲犯法者耶？隷屬至微細也，而殿下以千乘之尊，下欲與郎吏爭其輕重，殿下何其不自重耶？殿下於小處，不能自克，而猶且每引《西銘》，以廣同胞之仁，其孰信之？此非小失也。生民困悴之極，甚於倒懸，而殿下憫恤之意，屢形辭令，此仁心也。然孔子論治國，則節用先於愛民。殿下旣有內司，又置私宮，已非王者無私財之義，而此猶不足，有司常供之外，取入多無名。其視朱子所謂"不敢一毫加於潛邸之舊"者，何如也？財出於民，財竭則民窮。殿下雖有愛民之心，而民不被其澤，反不爲傷財害民之歸乎？

人君萬機之暇，鮮能讀書，而殿下好學之誠，素孚群聽，此盛德也。然傅說之告其君，惟學遜志。夫睿學高明，非臣所敢蠡測，而其見於外，則輒以聖人之言，牽合己意，演作義理。其視朱子所謂"虛心平氣，以求聖賢本意，雖已得之，亦更反復玩味，令其義理浹洽"者，何如也？讀書所以明理養心，殿下雖有好學之誠，而學不能明理，其將爲聰睿自足之資耶！此皆殿下私意之種種發見者也。

《禮》曰："王言如絲，其出如綸；王言如綸，其出如綍。"《易》曰："君子出其言善，則千里之外應之；出其言不善，則千里之外違之。"殿下出言不訒，大失簡重之體，又或有口給禦人之習。即其言之病而知其心之失，又烏可自隱也？自古帝王，孰不願治？而鮮不始厲而終怠。此爲殿下紀元之始，而未見有實心實政可以少答天心、少慰民望者。始初如此，後將如何？殿下動援聖人，慨然圖理，似若以三代自期，而考諸行事，依然衰季氣象，豈天不欲相我三百年宗祊耶！中夜思之，涕泗汍瀾。然殿下有大有爲之資，有大有爲之志，爲堯爲舜，自是分內。況氣質之病小、學問之功大，其所以變化之者，獨不在殿下歟？

人君爲學，莫先於窮理。理旣明，則事之當爲與不當爲，了了如黑白，可以沛然行之，此《大學》格致所以居八條之首。凡臣所陳，侵過誠正界分，似有陵躐之失，而此是根本田地，不於此立跟，更無下手處。且程子曰："格物，莫若察之於身，其得之尤切。"朱子曰："所謂格物，或考諸事爲之著，或察之念慮之微。"然則臣言亦不爲無稽矣。況今民憂國計可言者非一，而都不暇及者，亦孟子不言事先攻非心之義也。

伏願殿下以臣所言，一一反之於身，體之於心，或有程子所謂“惻隱之心藹然發動”，則此善端也。自今一念萌處，猛加省察，果人慾也，則遏絶之，不使更有萌作；果天理也，則擴充之，以求至乎其極，敬直義方，內外融徹，無一毫自私自利之意見於言爲，則聖心洞然，可以見信於天下後世矣。如此則天討自擧而倫彝不斁，人心自正而義利不眩，國綱大振，世習一變，上而盡君師之責，下而係黎庶之望，宗社幸甚。先正臣李珥有言曰：“明王之出，千載一時；世道之降，如水益下，今不急救，後悔無及。”誠痛切語也，臣敢爲殿下流涕誦之。

臣世臣，受恩罔極，抱此憂懣，不敢不爲君父爲世道極論及此。幸殿下從容澄省，察臣之忠而採臣之言，憐臣之懇而退臣之身，則臣雖枯死畎畝，亦與有榮。何必使之勉彊趨承，自喪素守，以爲當世之羞哉？若其辜恩違命之罪，厥有常憲，有不容屢赦，先削職秩，重賜勘處，亦振綱紀之一助也。惟聖明之裁之，臣無任激切霣越之至。

陶菴集

卷七

疏 啓

疏

辭大司憲疏【丙午】

伏以臣自解銓職，稍安私分，竊幸肖翹之微，得與涵育之盛。不意除旨絡續，自南宮而又憲司矣。臣旣逋命在野，瘝廢之罪，無職不然。顧言責至重，尤不可一日虛假，循省踧踖，無所容措。伏聞日昨筵中，以賤臣去就，猥煩睿念，反復開諭，委曲懇惻，至命臣內舅領府事臣閔鎭遠，以私勸諭，使卽上來者。承命震駭，五情失守，涕泣徊徨，彌日不定。

噫，樗櫟散材，自合朽棄，鳧鴈去來，不足輕重。惟天地至仁，無一物之或遺，薰沐陶鎔，必欲備諸器使之末。此於敵以下，猶感激欲死，况得之於君父之尊乎？臣雖頑如木石，豈無奮勵之意？然而可進而進爲恭，不可進而進爲不恭，竊嘗聞君子之敎矣。臣請略暴肝膈，以聽聖慈之矜察焉。

臣之去就本末，已陳於去夏一疏，今殿下俯問臣母年幾何，此又千古曠絶之恩，在於賤分，豈不逾濫？而區區情理，則蓋已蒙鑑照矣。臣立朝數十年，不能以祿養，只欲菽水相守，以無傷厥志，苟非窮苦迫切之甚，豈肯爲此？臣之爲終養之請，實在庚寅，今之去庚寅已幾許年矣。崦嵫光景，日以寖薄，孝有不及，昔人所悲。臣於是時，卒然變其所守，以奔騖乎榮利，則此爲何狀人也？

宋臣范鎭之辭召命曰："六十三而求去，蓋以引年；七十九而復來，豈云中禮？"今臣所執雖殊，去就之義則近之矣。至於爲先朝効力之敎，九頓莊誦，不覺聲淚俱發。臣於庚子國挽，有"莫報天高大，虛論日短長"之句，此臣平生痛切語也。追先帝報陛下，臣豈獨無是心哉？顧釁負深重，才力淺短，終無可以息補者耳。殿下方以史役責勉，使臣眞有摹天畫日之能，恐不足以塞此大愆。旣知其不能，而猶且冒昧進身，則其所自效，已非無所爲而爲。憑文字之小技，壞進退之大防，臣不忍爲也。

若臣學術之滅裂，不待臣自陳，臣嘗一遭呈身於侍講之列矣，雖其憂愛之誠，根於秉彝，而言議迂戇，無一可採。一言而爲智爲不智，則天日之明，何所不燭？漆雕開之仕，其小大不可知，而吾斯未信，聖人悅其篤志，君德成就之責，其大何如？臣敢自信而妄進乎？士生斯世，惟出處兩端，出則夷險燥濕，各盡其職，不能則處而已。今臣去就，秖當論其可出與不可出，豈可先就職事，自存界限，有若巧占便宜者哉？殿下憐臣愚迷，開其可進之路，以臣愚見，只見其不可進而已。

爲忠爲孝，或有時而相奪，分義廉義，隨所在而兩盡，雖以君相曉喩之勤摯，而猶不知變動，跼蹐天地，此何人哉？惟有乞此不肖之身，杜門終養，沒齒省諐，上之裨聖朝以孝爲理之化，下之爲人臣懷私廢公之戒。此爲臣自伸之道，幸殿下哀而許之，臣雖枯死畎畝，與有榮矣。如其不然，亦宜亟加威罰，以彰其慢，無令恩命屑越，職務曠弛，是又臣之幸也，惟聖明之裁處焉。

臣於禍釁流離之餘，遡違先壟，頃趁冷節，一番展省。而歸途觸冒雨霧，宿患風痺胃脘之證，一時陡劇，委仆床簀，昏不省事。日試鍼灸，僅有一分生意，今始力疾陳籲，稽緩之罪，尤萬萬難贖矣，臣無任涕泣震越席藁竢命之至。

辭大提學疏

伏以臣陳病乞解，猥荷調理之諭，曾未逾日，忽有三館除命。此是臣昨年叨竊，而旋獲鞶帶之褫者，一之已忝，其可再乎？慚惶震越，莫知所措，臣不暇申暴萬萬不似之實。目今東朝議號，已有定期，館閣理宜備員，臣之所帶提學，亦以在外見遞，况進乎此者乎？朝家擧措，已不免苟艱，而區區辭受，又何異萬與十萬哉？臣之入於薦中，非以臣可堪，直承乏充數，以佐下風，而越例恩點，大出公議之外。尋常除拜，固不以望次爲拘，而若是職則非首薦準點而得除者，絶無行公，豈不以地望淸峻，其自處不可苟也耶？

前乎臣者，雖以不文自引，而此是從昔哲匠鴻儒之所同辭，實則惟次點一款爲嫌耳。以至五十違召，而殿下終亦不之强焉，臣何獨弁髦古例，以重爲館閣羞哉？况臣負釁自廢，粤自先朝，中間過幾多歲月，入幾多文字，說幾多廉義? 一朝臨高華之選, 便冒沒受却, 則此爲何如人也? 近來風頹俗靡, 廉節都壞, 而猶未有此一流耳。 臣固自待之輕, 而亦不忍身啓此弊, 爲一世嗤罵也。 繼伏承政院有旨, 十行恩諭, 丁寧肅溫, 有非賤陋所當堪忍, 其反復開曉於君親忠孝之際者, 至爲懇惻, 臣雖愚迷, 寧不感激? 九頓三復, 涕汗被面。

嗚呼, 臣出身數十年, 不能以祿養, 啜菽飮水, 相守晨昏, 惟三朝曲遂之德是賴。而疏節微行, 亦未能自盡, 多病沈年, 只令老母憂念, 不孝無狀, 未有臣比, 更將何物移以事君? 然而犬馬常性, 天賦同然, 身外心內, 古人先獲, 臣安敢若是恝哉? 第臣亦嘗聞君子之敎矣, 君臣常分, 截然若天地, 死生夷險, 惟命是從。而至於榮爵辭受之際, 着得一箇義字, 以故可進而進, 不可進而不進, 均謂之恭矣。臣之不可進旣如彼, 而徒以聞命趨走爲忠, 則豈不重得罪於君子乎? 此臣所以寧被違慢之誅, 不敢以一身進退, 累聖朝風化也。

然君父有命, 而頑然若無聽無聞者, 眞木石之不若矣。國有常憲, 殿下亦安得屢赦? 今玆圈點, 專爲盛典, 事體嚴重, 臣豈不知? 而殿下以是職召臣, 臣則有虞人之死而已。虛辱恩命, 罪尤萬死, 惟惴惴然日俟斧鉞之加。而期日已迫矣, 變通之擧, 又烏可少緩? 伏乞聖慈上念國體, 下鑑微衷, 卽日遞改, 回授在朝之賢, 仍勘臣前後辜負, 以爲人臣蔑分孤恩者之戒, 千萬幸甚。臣急於控籲, 力疾草疏, 神昏氣促, 語無倫脊, 益增戰恐, 臣無任席藁涕泣瞻天祈望之至。

辭大提學疏【再疏】

伏以臣自叨匪據，惶霣罔措，力疾治疏，卽日控籲，而縣道褫傳，自爾遲淹，矜允之音，日夕顒俟。及奉聖批，不惟不準所請，開示愚迷，委曲丁寧，令臣作速上來。臣跼蹐高厚，五情震蕩，不覺涕汗之交下。噫，前之十行別諭，今之齋日賜答，俱是曠絶之恩數，聖意雖有所重，賤分其敢自安？以臣庸陋，叨逢盛典，實爲至榮。况絜矩之教，萬萬惶恐，豈不欲仰體睿念？

而顧人臣去就，自有一箇義字，秖當論其可進與不可進。旣不可進，則職事輕重，尙奚暇論？况天下萬事，焉有枉己而可爲者哉？臣之負釁自廢蓋久矣，除命一下，上自朝紳，下至輿儓，莫不指爲虛窠。臣之不可仕，固已見信於一世，而獨殿下未之察耳。人雖至愚，自知則明。臣旣知其萬萬不似，則誠不敢以虛爲實，以無爲有，以罔我聖明，聖明之過賜褒假，不亦羞當世之士哉？

至若次點當褫之實，已悉於前矣。藝苑儲望，自有其人，朝堂會圈，公議攸歸。而越例誤授，生出許多窒碍，臨急督迫，必欲充一日之用。議號事體，何等嚴重，其可若是其苟艱？而國家之置文衡，豈亶使然哉？設令臣今日應命，明日還鄕，便以大提學自居矣。奉令承教，雖幸無罪，世之持淸議者，將謂臣去就何如也？

抑臣竊有所慨然者，君臣之分，截然若天地，宜若有命輒承，而進退之際，惟義是視。故下而累違命而不爲傲，上而不奪志而不爲詘，此爲通志成物之道矣。今殿下之待羣下，仁意固曲摯，而每於徑窄難轉處，輒欲束縛而馳驟之，使不得全其去就。臣若喪失素守，遵奉聖旨，則廉節壞矣；臣若頑如木石，無所變動，則分義虧矣。分義之虧，罪止臣身；廉節之壞，辱及朝廷，臣已反復較絜而知所處矣。臣縱不能陳善責難，納吾君於無過，何忍以一身進退，導成君父之過，以上累聖世之風化哉？惟願速被誅罰，以彰孤恩蔑義之罪而已。

縟儀隔宵，事機迫急，勢不及付籲縣門，敢使家僮直呈政院，僭猥之罪，益無所逃。伏乞聖明將臣三館之職，劃卽變通，仍將臣辜犯，重賜勘正，則臣雖滅死，亦無憾矣，臣無任席藁胥命之至。

奔問歸時疏【戊申】

伏以臣自聞國有逆變，倉皇進詣城外，竊附奔問之義。而本來負釁自廢，重以罪名未勘，不敢自殊於譴黜諸臣，控籲非時，迄此縮伏矣。乃者都門解嚴，嶺捷繼至，其爲歡忻，不可勝言。念臣乞身歸養幾二十年矣，臣母年近八耋，氣息懍懍，憂畏成疾，思戀日切，以臣情理，實無許久離違之勢。而卽聞泄痢眩瞀之證增劇，方寸焦熬，未忍少淹，不得不陳疏徑歸，臣罪大矣。伏乞聖慈先削臣爵秩，重賜勘處。

嗚呼！今玆凶逆，自有君臣以來未之有者，亂變之作，一至此極，誠若莫之奈何。然所恃以挽回者，惟殿下一心耳。唐宗之言曰：“去河北賊易，去朝廷朋黨難。”臣愚謂斯二者皆易，去人主私意難。以殿下之英睿，痛自省檢，亟將過嫌小惠諸般私智，一切打疊去了，處之以至正至大，則天理自明，人心自正，不惟永消禍亂之萌，可以眞見蕩平之福。苟非然者，臣恐國事無可爲矣。

今日世道，都是私慾窠子，而衣之以文具，三百年宗社安於其上，嗚呼岌岌殆哉！天降之亂，豈欲警動增益我殿下耶？危虞方集，善端易萌，興喪一判，好機難追。朱子曰：“內修外攘，譬如直內方外，未有內不直而外方之理。”深願殿下以嚴恭寅畏爲先務，聲色貨利爲至戒，勿以小勝而遽生侈大之念，勿以暫安而少弛綢繆之圖，知爲君之難，而毋欲人之莫予違，廓開言路，廣集衆善，以爲回否勘亂之基焉。

且伏念有食而後有民，有民而後有國，方今都民赤立，八方廢農，無食無民，何以爲國？言念及此，心膽墮地。上自乘輿服御之屬，大加剋損，下至宮帑無名之財，悉歸有司，大帛大布，以身先下，一如衛文處漕之時，則是亦鞏固民心、迓續天命之一大機也。愚衷惓惓，不能自已，略此附陳，倘蒙聖明虛心垂察，不以人廢言，國家幸甚，臣無任激切惶隕之至。

辭左尹疏【庚戌】

伏以臣罪惡通天，奄失所恃，理宜滅死，而苟存視息。乃者數年之間，惡逆潛逞，震㥄無主。臣固綴綴無生人之意，而每念宗國，中夜涕泗。大行王大妃又棄臣民，如喪之痛，八域咸均。伏惟聖上悲哀內鑠，危憂外集，縱幸百靈交佑，天和不愆，而羣下憂慮，曷有其極？

臣喪制甫畢，聖恩隨加，一旬之內，洊被除命，玆蓋宸慈曲覆，不忍棄舊物焉爾。臣少小通籍，敭歷踰涯，雖中間屛退，未能效服勤之義。每除書之下，母子相對，感祝天私，今焉已矣，誰與爲榮？拊心摧隕，夫復何言？

仍念臣猥蒙三朝大恩，俾遂終養之願。而緣臣無實盜名，坐速禍機，凶言叵測，幾陷湛滅，卒使老母驚駭怵迫，不能安於郊廬，棲遑道路，若窮人無歸。病而醫藥不能盡情，歿而殯殮不能如禮，永負極天之德，仍爲沒身之恨。還顧平生，忠孝俱失，俯仰廓然，此何人哉？

臣之釁廢，積有年所，去就之節，今無可論。加以哀苦餘喘，朝夕且盡，豈有他念可及世事？第有崩迫衷情，不得不仰陳者。目今爲判尹者，萬手所指，而於臣私義，又可忍耶？此其勢不容並立，擧國誰不知之？是特殿下一切付之先天時議，又方裝成一箇汨董世界，以至此耳。然而以臣所聞，君臣父子之大倫大義，根於天理，結於人心，亘萬古而不可滅者也。

臣禍家子弟，處義又別，一日非所處而處焉，則無論仕與不仕，其傷倫敗義，莫是爲大，其敢自安於心乎？竊悼夫何故不死，以此身重爲世教之害也。伏乞聖明憐而察之，亟許臣刊名仕籍，畢命田野，使聖世無不得其所之一物，實天地父母之惠也，臣無任涕泣哀懇之至。

辭大司憲疏【辛亥】

伏以臣癃疾支離，息偃床席，殆非陽界上物，特以名不去於仕籍之中，銓曹謬擬宿踐。聖上復收舊物，除書馹召，榮動窮廬，循省兢蹙，靡所容措。夫栢府之長，爲職至重，法綱之所由廢張，風教之所由汙隆。臣粤自先朝，叨竊非一二，間或造朝，而不曾一日行公，雖其屛退有素，蓋亦自知其不稱耳。見今哀疚餘喘，朝夕懍懍，閱歷萬變，形存心死，豈有一分氣力可能堪承？

且念頃年臺臣擧臣乙巳疏，以無倫斥之，臣不敢知指意何居，而時議之崢嶸可知，非聖慈寬庇，幾乎不免矣。向臣所陳，蓋嘗感激補不逮之隆旨，以竊附格君之義，其愚妄甚矣。殿下不惟不罪，至敎之以銘諸座右，褒嘉賤臣，非不盛矣。而以殿下發於心而見於政者觀之，曾未有一見施者，此實臣忠信不能素孚，精神又無足以感發者爾。每一念至，拊心慚惶，不敢以苟免罪譴爲幸矣。

藉令臣在朝供仕，其言論見識，只是舊時人物。殿下亦旣知其無用如此，而復畀之以言責者何也？苟以臣積釁自廢，姑假以官銜，非責以職事，則又惡在國家設官授職之意？臣於是反覆思惟，誠莫知其所以也。顧臣疾勢，日以沈劇，去死僅毫髮耳。自被是命，上懼恩私，俯愧職名，冰火交中，若添一病，晝不能食，夜不能寐，深恐一朝溘然，永作不瞑之鬼，兹敢冒昧哀籲於仁覆之下。伏乞聖明特垂矜諒，亟賜鐫遞，仍令勿復檢擧於言議之地，許臣自放田野，任便調治，則雖死之日，猶生之年，臣無任屛營懇祈之至。

胥命後請同被罪譴疏【壬子】

伏以臣竄伏田里，隔遠城闉，晚始得聞聖教非常，駴怖震越，不敢自安於私次，扶舁病軀，待勘江郊。卒又隨諸臣之後，泥首於金吾門外者，月有餘矣。昨者處分乃下，以臣從前不仕，特貰其罪。臣且惶且感，涕汗交瀉。

夫不赴國祥者臣也，不卽胥命者臣也，始初筵教，雖於賤臣曲加恕諒，而臣固不敢自殊於人。及今諸臣被罪，而臣獨免焉，顧諸初心，旣甚剌謬，揆以國典，豈不乖錯？臣之不仕，只是病痼情蹙，轉成廢蟄，本非有高蹈勇退之節。而數十年積逋之罪，又是諸臣所未有者，則理當先諸臣而被勘矣。以罪爲恩，回威爲榮，是豈臣賤分之所當得也？

嗚呼，臣等事君無狀，不能自盡臣子之節，致令至尊過勤誨責，辭旨之間，屢失其平，臣等之罪，實萬萬難贖矣。殿下之教，每曰："只知有時象，不知有君父在。"殿下則言之甚易，而爲人臣得此教者，何以自措於天地之間乎？使臣一體被勘，固無可言，臣旣被格外之恩，數矣，抱此懔蹙憂懣之私，安敢自阻於仁明之聽乎？

臣竊聞內則父子，外則君臣，人之大倫也。而父子主恩，君臣主義。其事之也，或無犯而有隱，或有犯而無隱，就養則有有方無方之別。故父有過，三諫而不聽則號泣而隨之者，恩也；君有過，三諫而不聽則去者，義也。今以國恤、國祥事言之，先賢所處，已有陳列於奏牘者矣。爲子者雖悖惡無道，豈有不奔親喪者乎？又豈有不與大小祥者乎？於此觀之，亦可以見理一分殊之實也。今殿下輒以子之道，責之於臣，不獨此事爲然，循是以往，其將有順而無違，有從而無去，此豈理也哉？

《語》曰："君臣之義，何可廢也？"而其下又系之曰："君子之仕也，行其義也。"程子又釋義之一字曰："雖不潔身而亂倫，亦非徇利而忘義。"先正臣李滉亦曰："當進而進者爲恭，不當進而不進者亦恭也。"噫，微此道理，則分義二字，其將壞却天下名節矣。《大學》曰："爲人臣，止於敬。"不曰忠而曰敬者，其義可見。所謂敬者，卽孟子所謂"陳善閉邪"與夫"非仁義不敢陳"者也。此是忠之大者，而殿下乃責之以婦寺之道，羣下又承之以細人之愛，上下相循，輾轉膠固，殆近於孔子所謂莫予違者。而殿下不此之憂，但以時象爲憂者何也？

"時象"二字，臣不敢知何說，豈殿下惡言黨字，稍變其名歟？時象有治有亂，有好有不好，黨有君子之黨，亦有小人之黨，俱不可滾成一團。而殿下不問是非，不分枉直，徒欲以時象二字把持而馳驟之，使羣下開口不得，轉身不得，是不幾於惡朋黨而欲去之者，往往亡人之國者耶？臣又竊聞殿下慨然有意於諸葛之治、皇朝之法，至舉鼂錯朝衣東市之事，不識有諸？

以臣所聞，孔子之告康子曰：“子之爲政，焉用殺？君子之德風，小人之德草，草上之風，必偃而已。”殿下仁聖，臣固知決無是事。然假令殿下直加臣等以大不敬之誅，今日廷臣其能有立殿陛爭之者乎？古之君子，匡君之過，今之君子，成君之過，殿下盍亦自愼之哉？臣猥蒙恩宥，今方退歸，而寸心耿耿，銷鑠不得，臨紙輸瀉，言不知裁，蓋亦粗效事君之義耳。伏惟聖明憐其愚而察其忠，仍將臣身同賜重勘，不勝幸甚，臣無任戰懼俟命之至。

辭大司憲疏

伏以臣於屛伏惶霣之中，猥叨憲職，敢將辭本，仰請譴罰。而溫批又降，謂臣過辭，令臣從速上來，益復兢蹙，不知所出。臣旣有妄言之咎，復有癏曠之罪，其所控籲，固不暇乎他說。而殿下乃寬假而不之許，則抱此衷懇，安敢終自阻於仁覆之下哉？

向來鄕儒之疏，眞是世間事無不有者，雖聖明痛斥其謬妄，而緣臣無實盜名，至使猥屑之言，上溷崇聽，此臣之罪也。慚駭震慄，何所自措？天之生物，蓋莫非仁也，而必主乎虧盈而益謙；父之愛子，非不欲善也，而每懼其過分而招殃。殿下之於臣，亦猶是也。臣雖迷甚，寧不感泣？況廉介二字，發於批敎之間，有以見大聖人不遺小善之量。而顧臣立朝本末，元無可見，豈指其屛退一節而言耶？私心悚恧，尤不可勝言，然臣亦得因是而竭其說矣。

臣之屛退，非有他端，只是中年病廢，又粗知無能竊祿之爲可羞耳。夫職曰天職，祿曰天祿，非苟以榮其人而已。臣縱不欲竊祿，亦不免竊官矣。在朝而竊祿猶不可，在野而竊官，其可乎？使臣在朝，雖不免素餐，猶或有筋力自效之地。今則淸官美職，無事安坐而得之，其爲罪殆有浮於竊祿矣。

古之人又或有身外心內，不忘宗國者，臣亦世臣，豈獨無是心哉？惟其出處跡殊，語默義別，間於身簉輦下之日，輒貢微忠，而言議踈愚，都無足取，只當泯默自守，以畢其私義而已。旣不能仕，又不能言，而反顧其身，職名自如，中夜以思，若隕淵谷，國家設官之意、人臣事君之義，豈亶如此而已哉？

然臣自廢，非一日之積，聖明亦俯恕之矣。前之幸逭重譴，後之誤被睿奬，盖以屛退一節耳。如是而輒敢以趨命爲恭，苟然爲竊祿之圖，則擧世以臣爲何如人也？殿下亦以臣爲何如人也？殿下非不知如此，而猶且曲加收錄，屢辱恩除者，特以其一物之未忍全棄，德意藹然，臣豈不仰體也？但其大小官職，一畀臣身，便成曠廢，於臣則榮，而於國何益？

自昔人臣乞退而得其君許之者多矣，　彼仕者猶如此，臣則退已久矣，與其虛縻以官職，曷若許遂其所守？是雖賤臣去就之微，而在聖朝未必不爲務實勵廉之一助也。傳曰："惟聖人爲能通天下之志。"又曰："君子成人之美。"殿下於此數語，深留聖意，則所以終始玉成於臣者，不待臣辭之畢矣。伏願聖明特賜矜察，先遞臣見職，使臣自放於田間，涵泳聖渥，以卒餘齒，不勝大幸，臣無任齋心祈扣之至。

辭大司憲疏【甲寅】

伏以臣自五月初，偶患暴泄之證，一日之內，殆不勝筭，如是者幾旬餘，而忽變爲痢，或劇或歇，奄至四朔之久。臣本尫殘衰落，不病而人猶危之，以此氣力，積困毒疾，去死蓋絲髮間耳。不意此際乃有憲長新命，臣於床席昏昏之中，不覺感激涕泣，極欲起身加服，祇拜諭旨，而終莫之能，瞻望禁闥，精爽飛越。

念臣昨年春，猥叨見職，伏承譴遞之命，辭旨嚴重，有非臣子所敢聞者。論其辜犯，豈止解免？而聖慈曲庇，以罪爲恩，於臣賤分，僥濫已多。而包荒之德，猶不欲終棄，復還宿趼，今則至再矣。不知無狀如臣，何以得此於聖明也？向者辭本之上，輒格喉司，中間銓職之解，亦煩病狀，抱此憫塞，無所因極。竊聞縣道之禁纔解，未死之前，庶可以一暴區區矣。

噫，爲人臣而樹黨，以上貽至尊防微之憂，此其罪滅身湛宗而有餘矣。臣之屛退已數十年所，性拙而跡踦，門衰而形單，塊伏窮山，與世相遠，似無足以自速大戾者。獨其憂愛一念，銷鑠不得，往往狂疎之言，猶若未忍於忘世。臣固自知其愚，而亦不自意輾轉屢騰於鄕牘臺章之間，以至於此，是固臣之不幸。然苟究其故，豈非臣事君不忠，行己不信，有以致然也？

臣自承此敎以來，寢驚寤摽，五情失守，忽忽若無生，兩歲如一日矣。雖聖度天大，收錄如故，心事未白，釁咎至深。今又疾病澌頓，死亡無日，恐不免爲辜恩負罪之鬼，撫躬悲悼，尙復何言？臣雖昏無省覺，而亦知瘝曠爲罪，一息未泯，宜不敢虛帶，略陳哀籲，語無倫脊。伏乞聖明特垂憐察，亟解臣新授職名，仍命攸司重勘臣罪，使垂死之喘，安其本分，則實終始生成之惠也，臣無任惶怖震越之至。

辭元子輔養官疏【乙卯】

伏以癃廢賤臣，屛伏荒野，其於世事，茫無聞識。惟我聖嗣，岐嶷日進，玉質卓異，中外傳誦，莫不欣聳。臣何幸須臾無死，得覩斯慶，區區竊不勝愛戴之忱矣。乃於千萬意象之外，授臣以輔養官，恩諭特下，趣令上來。臣承命震惶，五內失守，誠莫知何以措身也。

臣竊聞輔養之設，實惟先正臣趙光祖所建白，而其言曰:“宜擇宰相中有賢德者，使之親近薰陶，以成德性。”其選蓋至難。自是以往，居此任者，名臣大儒皆可歷數。臣是何人，敢膺是命?

夫蒙養之方，以豫爲主。古人胎教之外，擇阿保居先，而擇之之術，必曰“寬裕、慈惠、溫良、恭敬、愼而寡言者”。雖阿保之微，猶且如此，況以輔養爲官，而責之以作聖之功耶?如臣庸愚，內自循省，其於古人所求於阿保者，亦無一二近似者，則其何敢猥當聖朝賢德之選，以累殿下則哲之明哉?

至於“往事不必追嫌，此任豈可久曠”，聖教所以慰諭敦迫，出於常倫，臣雖冥頑，豈不感激?惟玆職任之萬萬不似，有辱名器，秪願亟行刊汰，無久駭四方之聽聞而已。賤臣去就之義，尙何可遽陳哉?

臣經夏毒疾，一息如線，數行文字，亦不能自力，縮伏多日，今始號籲。伏乞聖慈俯察微悃，卽收成命，回授可堪之人，使公體增重，私分獲安，不勝大幸，臣無任戰恐祈懇之至。

辭元子輔養官疏【再疏】

伏以臣猥叨匪據之任，敢暴難冒之情，意謂日月之明，無所遺照;鞶帶之褫，不竢終朝。及奉批旨，大違所圖，慰撫敦勉，愈往愈渥，有非賤分所可堪承，且惶且感，罔知攸處。

至於"寥寥已久，復設何遲"之教，奉讀以還，一悲一喜，殆不能成懷。然以臣愚見，設官非急，得人爲難。《周官》之書曰："官不必備，惟其人。" 殿下於此，或未之深思耶？

在昔是官之設，不獨爲薰陶德性，兼有講學一節，今則無所事而惟時時瞻望而已。蓋當冲眇之年，良心眞切，無他外誘，培植於有知之初，感通於無言之中，是則是有此理。顧其事微妙，自非誠心積內、德華發外者，未可以與此。乃殿下不少難愼，擧而責之於如臣愚陋，竊恐輔養之有其名而無其實也。聖朝早諭之方，豈若是其疎略哉？

然此則但就職事上言耳，若臣區區去就之義，實有不可苟焉者。臣之奉身屛退，于今二十有餘載，國人皆知其已退矣。今於遲暮之境，喪失素守，貪戀新榮，進而無所爲，退而無可據，不惟臣心竊自愧忸，殿下亦以臣爲何如人也？輔儲之法，只是親近有德，不使見不正而已。今臣廉義大防，虧缺若此，則其爲不正大矣，惟當斥去之不暇，何可使之一日親近於左右哉？臣之不可冒進，於此而益較然矣。

殿下旣知臣不可進，而猶復曠日虛縻，畢竟雖重加誅於臣，於國事何益？莫若早爲之變通，在聖上爲不枉人志之德，於微臣免久瘝天職之誅，以公以私，豈不兩便而俱得乎？伏願聖明深惟事宜，曲察情悃，亟允所請，改授其人，千萬幸甚，臣無任惶隕俟命之至。

辭元子輔養官疏【三疏】

伏以臣久違恩召，再煩籲章，自知罪戾，在法罔赦。乃蒙聖度天大，不加誅罰，批諭諄諄，開示愚迷，責之以勿復過辭。臣於是兢惶感激，涕汗如瀉。噫，臣之立朝本末，業已淵鑑之所洞燭，出自科目，意在祿仕，不幸嬰釁抱疾，引分自廢，輾轉以至于此耳。臣雖愚昧，安敢妄自擬於山林高蹈之士哉？

然竊嘗聞朱子曰："士大夫辭受出處，不獨其身之事而已。其所處得失，乃關風俗之盛衰。"臣之不敢苟然於去就者，實亦有所受矣。使臣一進而於國家有毫分利益，則區區去就，亦何足自恤？而臣旣自知其不能，則惟有守得一退字，庶或爲不報之報，耿耿此心，天日可質。

蓋自屛退以來，大小除拜，一切辭避，入了幾多文字，過了幾多歲月？顧今所叨，責任之重，位望之隆，視他職何如？而下梢却冒昧承受，豈有如許道理？人臣行己，出處爲大，此而不審則其身已不正矣。臣之不敢以不正進者，不獨爲風俗盛衰，亦恐上累養正之道。殿下試思及此，或不以臣辭爲過也。

况臣廢疾癃陋之形，雖不敢縷陳，而目下胃脘之證，尤屬危惡，頑痰滿腹，上下無常，一日之內，叫絶者數，宛轉床笫，氣息奄奄，雖欲强起趨命，其路末由。自念積年蔘憂之餘，獲遭嘉會，一瞻玉質，豈獨無此願？而情病俱劇，莫之自效，撫躬悼歎，尙何言哉？

伏聞相見禮有備員擧行之命，兩臣亦旣齊會矣。苟或緣臣一人之撕捱，致令盛儀稽遲，則豈不大有損於國體乎？非不知屢瀆之爲可懼，而又不敢不疾聲陳聞，冀賜變通。伏乞聖慈天地父母，俯察哀懇，卽許遞改，以幸公私。

臣於治疏將上之際，伏見擧行條件，筵中有催促之教，而有司亦旣涓吉矣。臣之衷臆，已畢陳於右，實無一分蠢動之勢。孤恩慢命，死有餘責，惟恭俟鈇鉞之加而已。

且伏聞日昨聖祖影幀移奉時，在外諸臣不參陪從，皆被拿處。而臣則猥以班資入於問備之中，震悚戰恐，尤不知所措。辜犯層積，有不容倖逭，幷令攸司重賜勘正，使邦憲擧而賤分安，不勝大願，臣無任席藁胥命之至。

東宮册禮時進詣廣州，辭吏曹參判疏【丙辰】

伏以元良定號，受冊在卽，宗社億萬年無疆之休，實基於斯。凡厥含生之類，孰不歡欣蹈舞？臣於前秋，猥叨輔養之任，揆分量力，萬萬難堪，再三瀆擾，迷不知止。畢竟體下之仁，曲賜許副，匪怒之教，旣肅且溫，惶隕之中，感戴如天。念臣身嬰痼疾，二三年來，長在床褥，經冬調攝，獲尋生道，自頂至踵，何莫非造化之力？

臣之先祖遺祠在於嶺南，常欲及此未死之前，一瞻眞像，以慰私情。適當向暄之節，又値無職之時，欲爲乘間往還之圖，不量筋力，率意登程。乃於二月旬後到尙州地，重感時令，宿患諸證，乘虛盡作，出入人鬼關頭者幾二十餘日。中間有秋部除旨，所當聞命卽旋，而僵臥旅次，無計起動，泯默虛帶，徒增罪戾。

竊想冊封期日不遠，臣旣曾厠宮僚之列，雖未能一番進見，而區區愛戴之誠，自倍於人，一息未泯，必欲進伏近京之地，以爲承聞禮成之計。俟得少間，寸寸舁還，一日趲程，輒致增谻，又不免費了日子。今日始抵廣州境，投身村舍，奄奄欲絶。臣旣無由致身於廷賀之末，則秖得與村婦野老，交抃於路，而若其闕禮廢分之罪，有不可勝贖者矣。

來此之後，又伏聞日昨政，移授天官佐貳。臣罪旣大，聖恩愈渥，感激隕越，何所容措？臣方急於請譴，冒入文字，而病中神思昏罔，語不成次，去就辭受之義，有不敢論者矣。伏乞聖慈特垂鑑諒，先削臣職名，重勘臣罪負，以礪臣節，以安賤分，千萬幸甚，臣無任席藁俟命之至。

辭判尹疏【己未】

新除授資憲大夫漢城府判尹臣李緈，誠惶誠恐，頓首頓首，謹百拜上言于主上殿下。伏以臣屛伏窮山，疾病摧落，無復有當世之念久矣。乃者伏奉本月六日敎旨，以臣爲資憲大夫，不數日而又除臣漢城府判尹者。臣仰戴隆渥，俯省微分，惶駭悚慄，莫知所措。伏聞聖上猝有萬萬非常之敎，擧國震盪，傾朝力請，幸而不日反汗，此誠宗社無疆之休。

嗚呼，“予無樂乎爲君，惟其言而莫予違者”，孔子以爲一言而喪邦，言而猶若此，何殿下之爲此學也？過而速改，雖復於無過，而殊不知一番過擧，國勢人心，又落下幾十百丈，殿下何其不自重至此？臣於憂抃之中，亦不敢少弛宗國之憂也。此時賤臣官爵辭受之節，有不暇論者，泯默遲回，遽踰旬日。而顧念所被恩資，終未見有可受之義，旣無可受之義，又不容不冒昧一陳。

臣竊觀近日政目，某人今加某資，大抵曰尙功也，曰尙齒也，臣則於是二者，一無當焉。是或以久次論者，而所謂久次者，必內而奔走夙夜，外而宣力四方，是亦同歸於尙功之科。而臣於此又無一焉，則其將以何說而受之也？臣卽田野之一逋臣，其得逭誅罰，實惟累朝曲遂之大德。而跡其平生，無一報答，淸官美職，從容辭遜，安坐而得之，此固臣之大罪。而支離不死，閱歷百變，卒又濫竊八座之崇秩，有乖素心，重誤國恩，撫躬慚恨，夫復何言？聖敎中知其文具而不爲之者，卽是眞實的當道理。苟於此深留睿思，則三褫之恩，或不待於終朝，此臣所以仰首號呼不能自已者也。

緣臣所居僻遠，兩紙備忘，同時傳至，未及進詣都下，以自效匡救之誠，分義都虧，何以自贖？且伏聞方有親耕盛禮，而無由瞻望屬車之塵，久假官銜，徒妨國事，何往而非臣積罪之端也？伏乞聖慈將臣新授資級，卽行收還，俾臣全其素分，以沒餘齒，實天地生成之惠也，臣無任惶隕祈祝之至。

辭本兼諸職疏【癸亥】

伏以臣於月前，猥陳引罪之章，兼暴病狀，冀蒙恩遞。而聖度寬覆，不賜允許，又令上來行公。臣旣沈頓在床，無路承命，則只有更申籲呼，而煩猥是懼，泯默至今。政府西壁，雖曰閒局，非臣養病之坊，罪積逋慢，日夕懍惕。乃於昨者，伏承今月二十二日承政院成貼有旨，以臣爲世子左副賓客，使臣斯速乘馹上來者，臣益復感惶，殆不知所以自措也。臣於是任，承乏冒叨，至再至三，使臣在朝供仕，則雖自知其不稱，猶可隨行逐隊，奉令無罪。今玆除命，實由汲引之言，而待窠擬差，出於特恩，此豈臣微分之所敢遽當也哉?

臣無他才能可以裨補於國家，　特以數十年屛蟄之故，醜拙不至全露，不知者疑其或有分寸之長，節次推排，以至於此。向來造朝之賢儒，卽臣親友，不可謂不知，而猶不免以臣而欺殿下，　他尙何說?　臣於往年未赴於輔養官之召，雖有所由然者，而虧分蔑義，罪在難赦，不待聖教，臣固自訟之不暇。 近伏聞春宮邸下天資岐嶷，　德性淵深，　頻御書筵，方有日將之望。臣以三朝舊物，竊願於未死之前，一瞻淸光，耿耿此心，結在肝腑。豈不欲因此新除，少贖前慢?

而自三月望後，猝得再中之疾，左邊肢體全然不遂，或湯或灸，雜試諸方，迄未有一分減意。床笫運動，非人扶則不能，口眼喎斜，見者莫不駭怪。言語難澀，傍人不能解聽，元氣澌綴，懍懍有朝夕之憂。始也臣固自廢，而終則天又廢之，命之窮矣，臣亦末如之何?　瞻望雲霄，但有悲涕。

方今日氣舒長，离筵連設，此時賓僚，不可不備員。而自臣忝竊，已貽瘝曠之弊，罪上添罪，何地自容？伏乞聖慈天地父母，特垂諒察，遞臣本兼兩職，仍勘臣前後違慢之罪，以礪臣節，以安賤分，不勝幸甚，臣無任席藁俟命之至。

別諭後疏

伏以臣身雖散秩，職是賓僚，理宜連章控免，無使瘝曠，而煩猥是懼，泯默以至于今矣。乃於千萬不意，伏承今月初六日承政院成貼有旨，俾臣爲輔導元良，俟病間登途者。十行恩言，至爲隆重，在臣本分，實所僥濫。臣於床簀沈淹之中，神識不至全昧，反復莊誦，不自知涕淚之橫集也。

伏讀聖諭，有曰：“悠悠萬事，無過於導我元良。”又曰：“輔導元良，不過經學。”嗚呼，殿下此教，眞可謂知所先務也。惟其如是也，故必得眞箇經術之士，可以責夫輔翼成就之功。而若臣者數十年逋伏田野，有讀書之名，而無讀書之實，直一鹵莽滅裂人，豈謂誤辱聖知一至此哉？

至於儒疏之請爲召還，本非可施於如臣等輩，而今忽有之，亦一變怪。向日聖批出於寬貫，而今此爲卿斥之之教，蓋亦諒臣恧蹙不敢自安之情。仰惟日月昭明，何幽不燭？臣於是益不勝惶恐感激之至。若夫昔日不就輔養，臣固自訟之不暇，焉敢追暴情實？而自叨此任以來，誠欲一近離光，以塞前慢，非有此萬萬難强之疾，則數月之間，已或得遂此願矣。

聖教中誠淺浼浼，豈臣之賤所敢承聞？顧臣所患，非如一時微恙之比，半體不遂，轉動須人，醫言最忌再中，乍寒已成深蟄，稍俟少間，方可議其去就，而是亦未可以時月期者。坐辜恩旨，臣分都虧，賴天之靈，幸而無死，萬一行步可以登降殿陛，言語可以參涉講說，則亦豈無一進承命之日？而但恐無實盜名，非分竊寵，眇福難任，將促其死耳。

伏聞聖上仰體慈聖之志，勉循群下之請，內外法筵，不日將擧。昨夕宣召之命，亦及賤臣，而病情如此，雖欲自載入京，其路無由。臣以先朝舊物，獨阻需雲之澤，亦闕嵩呼之儀，馳誠結恨，曷有窮已？玆敢冒昧呼籲，仰請違慢之誅。伏乞聖慈亟削臣爵秩，仍治臣罪戾，以安私分，以振國綱，不勝大幸。

不赴召命請譴疏【甲子】

伏以臣於往者，敢陳癃疾之狀，乞蒙闕禮之誅。及奉聖批，誨諭敦勉，諄複勤摯，旣肅且溫，逈出尋常，類非如臣賤分所敢承當。臣祇稽莊誦，且感且惶，自不覺汗淚之交迸也。爲臣子而承此教，猶且息偃自在，不思所以恭承恩命者，萬萬非分義之所敢出。

遂擬稍竢和暖，自力趨詣，仰瞻溫文之容，少伸愛戴之忱，則雖明日退塡溝壑，亦無餘恨。故姑輟疏籲，連試醫藥，加意治療，將及數月。而病源已痼，寸進尺退，泄患雖少減，而左邊手脚尚未運用，坐臥轉側，非人扶則不能，言語蹇澀，家人亦往往多未解聽，此實天之所廢，臣亦無如之何。雖使擔載進伏於都門之外，至如出入陞降趨蹌拜跪，則其勢末由，而撼頓勞動之際，其能免於生行死歸者，亦不可知矣。北望懸情，但有悲恨，尚何言哉？

念臣本以世臣，少而應擧覓官，平生志尙，不過常調祿仕，顧何敢自擬於高蹈猥託於山林哉？只緣迫於私情，始昧往役之義，重速嚴譴於先朝，終又禍釁之餘，遂致自廢於聖代，流落屛蟄，積罪如山。每自念受恩三朝，與天無極，而涓埃未酬，蒲柳先衰，此生餘日，恐無以少塞臣分。宮賓峻選，豈臣之所可堪？輔導重責，尤豈臣所可擬議者？而唯欲一侍胄筵，仰聆英音，耿耿寸心，炳然如丹。

昨歲疏中亦陳病若少歇，當卽進承之意，伏想聖鑑亦或記有。而向日批旨中豈邁邁之教，似猶未悉燭於賤疾實狀者，此蓋由臣無狀，誠信未能仰孚之罪也。苟幸賴天之靈，積以歲月，臣之病狀，如得差減，而行動不至於須人，語音不至於難辨，則臣當竭蹶趨命，粗伸微忱。而未然之遲速，旣難預度，目下之慢蹇，益切悚懍。玆不得不席藁封章，恭請威罰，臣罪至此，尤萬萬矣。伏惟聖慈天地父母，諒臣言之非出矯罔，念此任之不可久曠，亟命削臣職秩，仍飭攸司，重勘臣辜犯，以振頹綱，以安賤分，公私不勝大幸，臣無任戰兢祈祝之至。

別諭後辭免疏【丙寅】

伏以三陽回泰，邦慶稠疊，殿下率百僚陳賀於東朝，斯實史牒之所稀有者。凡在臣庶，疇敢不歡欣奔趨？而臣以先朝舊物，病伏窮山，迹阻庭班，心懸魏闕，惟惴惴焉日俟威罰之加矣。乃於千萬意象之外，忽承別諭，辭旨優渥，有若施之於山林宿德之士者然。臣誠驚愧感惶，莫知所以自措也。噫，臣本非長往者流，又無果哉之心，自念違離明庭，今已十九年矣。戀主之誠，犬馬亦然，畎畝之間，一飯敢忘？進瞻耿光，退塡邱壑，卽臣情禮之當然。

伏況春宮邸下年齡漸大，學問日就，區區延頸之忱，亦豈後於人哉？顧自輔養官以來，至於賓僚，前後誤恩鄭重，而一未趨承，徒有積罪。蓋臣風痺之疾，積歲沈痼，床席運動，亦須人扶。方春向暖，百蟄昭蘇，而不能窺戶外一步地。且口噤之證，殆同啞子，以筆劃地，略可通意。臣於數年前拜疏中，有云："行步可以陞降殿陛，言語可以參涉講討，則敢不一進？"妄謂加意調息，庶或收效於時月之間矣。輾轉至此，夫豈始料？

臣容易出言，辜負至今，尋常所自隱度于中者，惟在可與未可之間。而今則無可論者，雖欲於未死之前，一償此願，有不可得，命之窮矣，泣涕何言？臣旣無由起身承命，則不敢虛辱隆旨，以重罪戾，玆敢略暴哀懇於仁覆之下。伏乞聖慈亟命收回別諭，仍勘臣辜恩蔑義之罪，以嚴法紀，不勝大幸，臣無任戰懼俟命之至。

啓

獻納時因嚴批避嫌啓【己丑】

臣年少狂愚，竊不自量，妄謂職忝諫省，不言有咎，敢陳瞽說，以效一日之責。伏承聖批，辭旨極其嚴峻，臣惶懍震悸，直欲鑽地以入，而不可得也。噫，朋黨之患，實是在上者之所深惡。臣雖愚迷，豈不知殿下之心亦必如此？而然臣竊覵殿下用舍進退之間，率循一時好惡之私意。方其向用也，一意扶植，不暇顧乎偏聽獨任之戒；方其厭薄也，不問曲直公私之別，惟一切歸之於黨伐之科。其一扶一抑之間，論議之乖激，蓋已日加而月增矣。

夫以君人之尊，臨御一國，如天地之無私覆燾，則其於在廷群僚，夫豈有親疎愛憎之分？而乃於擧措之際，不免以身而左右之，有若揚波而助瀾，因風而縱燎，此臣之所慨恨也。區區之意，只望殿下無偏無陂，建極出治而已。而殿下至以“辭氣忿忿”責之，此蓋殿下先以黨之一字着在心裏，不能虛心聽言，臣於是不能無憾於天地之大也。至於指意非常之教，尤增悚慄，不知置身之所。

噫！今日廷臣之賢愚淑慝，固莫逃於淵鑑之下，而殿下好圓而惡方，喜懦而苦直。凡於選掄之時，多擇疲懦巽軟者而用之，使不得有以妨吾事而咈吾志，則謇諤之日疎，庸碌之日親，固其勢然也。是以群下知殿下之以容默爲悅也，故媕婀不言以自托於寬緩和平之論。知殿下之以爵祿驅使也，故苟保祿位以自甘於束縛馳驟之歸。此固由於患失之心有以梏喪，而亦豈非殿下導率之不以正也？

且言路之通塞，係國家之興亡，而今殿下外若受諫，內不容直，前後以言被譴者，不知其幾。是以位著之上，稜角銷沮，風采索然，不復聞有逆耳之言矣。臣於聖祖容諫之德，實有所感歎欽仰不能自已者，竊以追配前烈，深有望於殿下。至若李東彦，則素有敢言之名，其有罪無罪，殿下惟當付之有司，而徑下嚴敎，特令正刑，以此群下妄疑其或出於平日惡諫之心。萬有一近似乎此，恐有愧於聖祖之處崔晛者，故敢以此誦之。竊望其益恢虛受之量，夫豈有一毫他意於其間哉？

臣愚衷所激，言不暇擇，至承臣子不敢聞之敎，將何顔面復叨於諫爭之列乎？且臣於判尹趙相愚之疏，尤有所不安者，其所謂一二臣外補之有乖銓體，固不足論。而設令野史書之曰"筵臣爲王子請買故主第，而論思之臣以導諛斥之，爲銓官者怒其議己，枳塞淸塗"云爾，則臣未知後世謂今日朝廷何如也，此必有心平眼公者可辨之矣。臣於召牌之下，黽勉趨詣，而顧此情勢，決不可一日仍冒於言地，請命遞斥臣職。

同副承旨時覆逆啓【丙申】

臣即伏見諫院處置之批，辭旨極嚴，至有正言趙尙健爲先遞差之命，臣不勝錯愕駴歎之至。尙健疏避所論，實是士林大是非，蓋自頃年兩相臣筵奏以後，已成定論。而世道嬗變，義理寢晦，利害之說勝，直截之風喪，無一人痛說是非，識者之憂惋，固已久矣。尙健乃能劈破源頭，辭意嚴正，一洗近來婞嫛之習，眞有古人敢言之風。殿下苟能遡源而究之，平心而察之，則庶幾了然於涇渭之別矣。

至如《源流》事，向日儒賢之疏，辨晰無餘，其曲其直，已莫逃於淵鑑之下。凡此數事，非尙健一人之言，卽士林公共之論也。日昨疏批，摧折太過，已有乖於大聖人容直之量。臺閣處置，實循公議，而特遞之命，遽下意外，此豈平日所望於聖明者哉？

噫，公論之定，不待百年，雖以人主之威，不可硬定於一時。今殿下好惡失正，扶抑太偏，譴斥言者，不少顧藉，是非倒置，莫此爲甚。其貽累於聖德，有害於世道，爲如何哉？臣忝居近密，目見君父非常之過擧，不勝區區憂慨，敢以草草數語，略效封繳之誠。請加三思，收還正言趙尙健特遞之命。

陶菴集

卷八

書啓

講義

書啓【戊子關西御史時】

臣伏奉封書，有搜訪人才之命。遍行一道，廣加搜問，而聞見孤陋，未有以仰副不遺遐遠之聖意，不勝惶恐。竊念人才難言也，以爲無也則實有誣一道之懼，以爲有也則稱是名者絶難。草莽之間，豈無俊彦之士，而旣無藻鑑，未易識拔。惟有取其中人望素著者，雖用一人，足以收一道之心，故審採公議，敢應明命。【已下人才別單】

平壤幼學黃順承，關西名閥，自少以行誼稱，名聞一道，平居以禮法自持，內外斬斬有別。事父母至孝，生而極滋味之養，沒而盡祭祀之節。祭時所需，必躬貿市上，齋戒致誠，一依古禮，實有過人之至行。家本貧窶，而不爲一毫非義事。一鄕敬重，而或稱爲固執，以至閭里婦孺，皆稱爲固執。黃生其操行之出常，亦可知已。槪觀西路，以財貨之鄕，風俗貿貿，鮮有自拔於流俗之中。如此行誼表著之人，宜加奬拔，以爲聳動之地，而第聞方居母喪，待其闋服，亟命收用。

江界前僉使田種英，爲人沈慤有智慮，且有家行，見重鄕里，爲江邊武士之宗。臣於暗行邊上時，問人才，輒擧種英，且言："昨年種英爲順川郡守，臺臣以微賤劾之。種英不堪守令，誰復可爲者?"蓋觀七邑中，惟義州有一曾經守令，其餘皆以邊將爲極職，而亦甚稀貴。自種英除郡，咸聳觀聽，而旋被劾正，莫不缺望，細採公論，大抵皆然。臣不識種英爲何狀，再過本府時，邀與相見。其人好風儀多識慮，與論邊上事，引古證今，言多可聽，名不虛得，足稱江邊之翹楚。但其年老，將未免死於牖下，良可惜也。宜及其未死，試之一郡，雖用此一人，可以大慰衆心。其視名稱未著，濫被薦拔者，其效相懸矣。西關武士，無非好身手，而其中拔萃者，亦自難得。臣之獨擧種英，蓋以人望所在。宜先收拾，乞命銓曹卽爲收用。

臣伏奉聖旨，有曰生民之疾苦，積弊之未祛，另加詳察以啓者，敢以淺見，略擧道內弊瘼之大者，以應明命，冀賜變通。【已下民弊別單】

一，臣竊見關西一路，無大同設行之事，故邑制不同。其中各庫名目多端，或稱"補民"，或稱"常平"，或稱"補官"，或稱"大同"，又有"勑需"、"雇馬"、"賑恤"、"貿易"之號。多則六七，少則三四，邑邑皆殊，不可殫記，而要其大意，蓋所以存本取利，爲民除役之計。而近來各邑出役煩疊，徵斂無藝。問其名則輒曰"此勑需也"、"此賑需也"、"雇馬之價也"。當入某庫，而均爲補民之歸，其實則多爲憑藉利己之資。擅自那移，從中幻弄，名色混亂，便無公私之別。所謂庫中遺在者，徒擁虛簿，太半枵然。

試以勑需一庫言之。稱以支勑，多般收斂，逐年捧留，厥數幾何？而及有勑行，又復遍徵於民間。所謂常時取利之物，果歸何地？而爲民除役之義，亦安在哉？當初設庫，意非不好，而其流之弊，乃至於此。貪吏多容手之地，殘民有剝膚之怨，事甚無謂。蓋聞監營本無定制句管之規，各邑之肆行無忌，理所必至。雖不能亟行大同之法，亦不無隨時救弊之策。宜令道臣盡爲搜括各邑各庫當初立本元數與逐年收斂長殖者，爲先詳覈，以知時存實數，如有那移私用，名存實無者，別爲論罪。所謂各庫，自監營定制，一其名號，均其多少。自今以後，常時殖斂及用下數爻，一一報知，嚴加管束，頻頻反庫，以覈虛實，使不得疊徵民間。又不得擅自私用，則守令必有畏戢之效，民役亦無煩重之寃。封書中有出役多少偸竊國穀之條，原其弊端，職由於此，不可不亟先變通，敢此首陳。

一，臣竊見道內生民之疾苦，不止一二，而舘軍之弊爲甚。百般苦役，有難毛擧，而其中立馬之政，最爲難支，已至於不能保存之域，寃號之聲，有不忍聞。大抵本道異於他道，冠蓋之行，織於道路，而入把之馬，皆責於舘軍。彼貧殘之類，役鉅力殘，無以自備，難堪之弊，自古爲然。故相臣鄭知和爲監司時，別設補役庫，以爲添給馬價之計，而猶多不足。至庚戌年間，臣外祖文貞公臣閔維重繼莅本道，啓聞變通，劃得備局遼軍木七十同，留儲該庫，以銀折價，上等自四十兩至五十兩，中等自三十兩至四十兩，下等自七兩至十兩，隨等題給，著爲定式，驛卒賴以蘇息。行之十餘年，漸至擔閣，己巳間復因筵臣所陳，有遼木二同每年題給兩驛之命，而一年分給，旋卽停廢。自是以後，補驛之庫，名存實無。監營給價，逐歲減縮，今則上等十兩，中等七兩，下等三兩。此外未準之數，舘軍皆自辦出，斥賣田土之後，計無所出。所謂一族，不計根脚寸數，混同侵責，至於隣比、姻婭之類，莫不被害，逃散相續，怨聲徹天。

而立馬之外，種種雜役，無非人所不堪之事，裹足奔走，殆無虛日，破家離土，處處相望。故一充舘丁，人不與婚，至有終身不得娶者，爲役之苦，據此可見。而古之舘軍三千餘名，而今則僅過七百，古之十人所當之役，今則一人當之。營門給價，又從而減縮，更無餘地，則其日就於蕩敗之域者，勢所固然。若不別樣變通，則臣恐人與馬俱盡，驛路將絶，亦非細慮。

竊聞遼軍，卽古時遼東立馬之軍。庚戌定式時，以此劃給，厥有意義，鋪置施設，俱可遵行，而中間廢隳，實爲可惜。目今救急之策，無如收拾本庫，亟復舊規。乞命備局依庚戌例，特給遼軍木，且令道臣方便料理，一遵定式，增給其價，則實是死病之良藥，庶有回甦之望。至於元軍·雇工闕額充定、位田、復戶等事，各邑慢不擧行，事甚可駭。亦宜申飭擧行，以爲驛卒支保之地。

一，臣竊見列邑積弊之未祛者，不爲不多，而陽德爲最。其弊有二，曰續火田之稅也，曰舘閒丁之價也。大抵本道屢經兵燹，甲辰量案，擧皆闖失，而獨本縣舊案猶存。元田摠數一千五百八十餘結，繫於該曹田案，而都事覆審時，輒依他邑例，徵出加耕，歲至累十結。元田則長存無減，新結則逐年增加，白地徵稅，其勢難堪。

癸酉年間，御史金夢臣啓聞變通，加徵毋過五結事定式，視前所捧，猶減四分之一。而自癸酉至今，已爲十六年之久，前後虛結，至於千餘結之多，此後年年加徵，又不知其幾何？民戶有限，而續結無已，實爲無理之事，一境寃號，皆不聊生。臣於行過時，目見本縣，地勢險惡，非人所居，所經數百里之地，人烟蕭瑟，虎豹縱橫。蓋自丙、丁大殺以後，連被凶歉，且於數年來，死於虎者，又是四百餘戶。故逃散相望，十室九空，曾前五千餘戶，今則僅滿千戶。雖以民戶較諸元田摠數，猶多不及，而此外千餘結之稅，公然白徵於孑遺之民，實是王政之所不忍。若不及時變通，則不出十年，將爲空虛之地。曾前所捧續結，雖難一一蕩減，此後則逐年五結，更勿加徵，以爲窮民保存之地。

而至於舘閑丁段，道內僻邑中，惟寧遠有二驛，本縣有一驛，蓋自前朝有之，以爲北關通行之路。而寧遠則壬辰西狩時，邑人訴寃罷驛，而本縣則至今獨存。舘軍流來逃故，至於三十餘名，而民戶日縮，無以充定，不得已以雇稅價錢一百五十兩，收合民間，逐年備納於魚川，遂成謬規。彼一境之民，困於賦稅，而又有比他邑所無之役，實爲寃悶之大者。此邑旣非使客通行之路，不必置驛。故民情咸願依寧遠例革罷，而此則未敢輕議。所謂雇價收斂之規，爲先禁斷，只令時存舘軍供役，而闕額則使之漸次充補宜當。本縣以窮峽至殘之邑，有萬分難堪之弊，其在聖朝一視之道，不可不別爲顧恤，以示德意。

一，臣伏見昨年答玉堂箚批，有宮屯查出革罷之教，可見聖上大警動大變通之意，中外聽聞，莫不聳動。以臣所過處言之，一路元元擧切歡欣翹企之心，而命下半年之間，方伯稽於奏聞，廟堂緩於覆啓，實惠未究，民情久鬱，臣實慨然。臣於上來時，始聞監營纔已啓聞各邑宮屯，入於臚列之中，臣不必復贅。而臣頃見寧邊，白嶺、劒山等地，民家新入者甚多。問之則此地宮屯革罷之後，流亡還集，民戶日增云。已然之驗，固自如此，今玆查聞之後，苟或有一分靳許之事，則其所以孤顒望之心者，當復如何？伏願申飭廟堂，劃卽覆奏，一並許施，毋使寧民獨被聖澤焉。

且臣竊見海邊諸宮家鹽盆、漁箭，貽弊無極，而又自王子宮三和至義州沿海一帶，盡爲折受。差人輩稱以海稅，徵斂無筭，大小船隻，勒捧稅錢，一船之稅，或至三四十兩之多。彼沿海民戶不務耕作，惟以漁採爲業，而侵奪難堪，逃散相繼。網海之利，半歸宮差；失所之怨，上累聖化，此臣所目覩而慨歎者。當此軫恤民隱之日，亟命革罷，以光無私之聖德，以收將散之民心。

一，臣竊聞昨年有營屯一體革罷之命，而今番道臣狀聞中，無一處請罷之事，臣以爲不可也。臣於廉問時，稔悉此弊，屯屬之避免民役，民田之混入屯田，最爲列邑難堪之端。此則已有禁斷查决之請，而大槪所差別將，率多監營私人，怙勢自恣，憑藉作弊，民受其害，不止一端。以臣所聞言之，德川、龍川、成川等屯貽弊爲甚， 而其中龍川則以至殘之邑，處直路之間，南北二十里，東西三十里，而中設六屯，可知其難支之狀。臣意則營屯異於管餉，自有公私之別，所陳兩邑及龍川之少爲海岸兄弟三處， 卽是私屯， 則就其中參酌革罷，以奉明旨，恐爲合宜。 此外諸屯，固不可盡罷，亦宜勿差別將，皆令本官句管收稅，則於監營無損，而於邑民大幸矣。宜命道臣更加商度變通。

一，臣竊觀勅行時出站，實爲一道之巨役，而其中多有不均之歎。以民間號寃者言之，殷山以道內最殘之縣，出待於雲興九息之程，而隣近大邑則從近出站。德川、順川則出站於定州，而宴享之外，仍爲中火支待之役，比他邑倍苦。當初酌定時，上、副勅屬於大邑，通官輩委諸小邑，雖若有大小之差，而上、副勅元無求請，通官則求請煩多，最難支堪。以今觀之，小邑所當，反重於大邑，三登、甑山等邑擧皆稱寃。宜命道臣更爲察問，果如其言，而勢可以推移，則分揀大小，區別遠近，至於求請之物，亦令均分擔當，俾無偏苦之歎。

一，臣竊見道內民役之偏重，未有甚於山郡，科外侵徵，率多細瑣，有不可縷陳。而試以杜邑言之，德川則稱以夫、刷馬價，不分民戶大小，輒捧布一疋，合爲三十同。熙川則稱以公下米，每戶納米一斗，年凶則稍減其數，至於累百石，而私用居多，公下則十之三四，事甚無謂。宜命道臣一一查括，以革謬規。苟或以爲公下之價，無他出處，有難全革，則亦宜折半減捧，以紓民力。其餘科外徵斂之端，一切嚴禁，以除偏重之弊。

而至於坊鷹，山郡皆有。德川則例於民間各洞內，各納一坐，至於五十餘坐之多。十年以來，稍減其數，而猶過十餘。他邑或給半價，而勒捧居多，民人聚錢貿納，多有怨言。彼諸般徵斂，猶可諉之於公下，此則元非公下之物，不過爲京中送遺之資，而其爲民弊則大矣。亟宜盡革坊鷹收捧之規，以除峽民一分之弊。

一，臣竊見鐵山府，有補民、保人之名，實爲他邑所無之謬規。成德望爲府使時，以邑力不敷，刱出此事。不報監營，募得民丁百名，稱以補官保，歲納米一石，成給完文，各項差役及閒丁，限同籍並勿侵責。民多願屬，稍實者皆入，初則以百名爲限，而不出六年，過百已多。所收米石，雖稱以客舍修改時所需，而實則盡歸於私用，民間至稱以衣資庫，不免爲憑公利己之歸。況此軍額日縮之時，私自募民，擅給完文，作一逋逃之藪，本府閒丁，尤爲絶貴，事甚可駭，不可不先爲革罷。更命道臣詳察，各邑如此之類，一體禁斷。

一，臣竊聞昨年監營貿取賑鹽，分給列邑，而以江邊地遠難致，欲除其弊，遂有造船運鹽之擧。蓋其意出於便民，而反爲貽弊民間之歸。大抵价川以上至熙川，江水甚淺，灘勢且急，決非行船之所，當初建議，其亦不思之甚。而熙、价等地，造作中船二十餘隻，役民之際，已招怨言。當其畢造流下之日，自熙川官抄出常時乘筏往來人五十五名，號爲乘船軍。民人㤼於曳運之役，至有逃散者。又或呈訴自願各納鹽石，以免乘船之勞。及其載鹽泝去之時，水淺難行，經過一灘，動費日子，不得不調出沿江民人，同力曳上，其爲弊端，又不可言。

臣於閏三月晦間，行過安州時，目見營別將臨江載鹽之狀，而追聞熙川到泊，初運則五月旬前，再運則望後始到云。其間辛苦淹滯之狀，不言可知。而合計造船時所入及船格輩糧資，較諸雇馬，其價倍蓰。況此運鹽，所以賑民，而到泊於五月之後，自熙川至江邊，又多四五日程。則輸致之間，賑事已畢，所謂賑鹽，將安用之？利害得失，本自易見，而乃爲此必不可行之擧。無益賑事，徒貽民怨，終難免謀事不臧之失，良可歎也。

蓋聞民情皆以營軍官黃宗瑞建議，莫不歸怨於宗瑞。且以此路一開之後，又或有船運之弊，則沿江之民，勢難支保，皆以爲慮。旣往已矣，來者可追。宜申飭道臣，熙川等地營船載運之事，一切禁塞，以杜民弊。臣且聞賑鹽貿販之時，價廉稅多，差人又爲高重捧上，一斛所入，殆過二石，浦民失業，怨言喧騰。其時貿鹽監官高孝正刑推一次，以謝民怨，亦願分付監營，此後稅鹽之際，嚴飭差人，俾絶如前呼寃之弊。

一，臣竊見近來爲守令者，奉公守法之義喪，違道干譽之意勝。雖是不治之邑，莫不強爲沽譽之端，官而媚於民，民而媚於官，以至於名分都喪，民習日橫。非必邑邑皆然，論其風習，大略如此，良可寒心。臣於行過各邑時，處處百姓擁馬呈狀，無不贊頌其倅之治績，至請褒啓。試以廉問時所聞，參究其言，則蓋有眞僞虛實之別，而要其本情，出於媚悅者居多，風習可惡，故臣一切嚴斥。又或有官門咫尺，木碑相續，而不爲禁斷者，此亦可駭。糾正道內風俗，是在方伯，宜命檢飭各邑，痛革要譽之風，如民人之請褒在官官吏者，隨現懲治，以正上下相媚之習。

臣伏奉聖旨，有曰固圉之策，各別詳察以聞者。臣本迂儒，年少識淺，其於邊境事情，戎政得失，尤所昧昧。而妄效一二愚見，以俟睿裁。至於彼人侵越，大爲邊民之患，故敢從所聞，先此備陳。【已下邊事別單】

一，臣於暗行江邊之時，目見彼人大張白幕，處處屯聚，馳擊麞鹿，出沒於豐草長林之間。又或多造槽船，繫於江岸，沿江而行，累日相望。細聞形止於故老人，則以爲彼人或採蔘或行獵，春夏出來，秋冬還歸，似是走胡之來留者，而近來則歲加月增，四時長住。雖未知有別樣可虞之端，而越境侵掠，實爲急切之患。且於上年五月間，以中船泝上，至理山波猪江還下。曾前只以槽船往來，而中船則今始創見，必是運糧久留之計。尤爲深憂。

　　槩聞江界則昨年以後，姑無鬧端，而渭原、理山等地最被其害。頃間彼人數三猝入渭原城中，乞糧饌求婦女。且言邑內李僉知處，有三升買賣事，欲徵其價，本郡使人驅逐，則官屬一人被縛，載於槽船，僅得奪還。又聞彼人以其狗私與理山堡民，事覺，堡將斷狗頭投之江，望見大哭，渡江索狗價甚急，堡民多逃散云。作挐之狀，推此可知。而臣於去月初，再過渭原，彼人於越邊檜洞地，與吾老梁相對處，張幕八九，人可近百。從林間窺見，臣之從人以鞭指點，則隱避林間。及到吾老鎭，則萬戶涕泣陳狀，以爲"彼人自十餘日來，侵越特甚，直到鎭舍，叩門叫索，如是者一日再三。本鎭土卒只是七名，而兩把守一烟臺，盡爲排立，萬戶一人閉門縮伏，不久將爲所殺"云，良可矜憐。此堡旣無手下一卒，則實無禁戢之路。本郡相去，不過十餘里之近，而越視秦瘠，不爲來救。故臣責郡守盧世雄，使之協力驅逐。

概觀守令、邊將，恐或獲罪於監營，雖有侵擾之患，一切掩置，不肯報知。以臣所聞見，不翅狼藉，而朝家則多所不知，事甚可駭。而昨年彼人見捉於碧潼者，旣囚旋釋，終無移咨之擧。自是以後，尤無忌憚，邊鎭或以押送官府恐之，則輒發慢言，少無畏㤼之意。闌入村家，毆打橫掠，又或出入於數十里之地，村落多空，如經兵亂。卽今廢農之患，已不勝言，而冰合之後，更無限隔，往來侵暴，易如踰閾。若不亟加禁戢，則濱江民戶，實無支保之望。宜命廟堂更加確定，移咨申禁，以安邊民，分付各邑鎭堡，嚴飭邊禁，使不得犯境。其中殘堡之受困者，出力相救，凡係侵越之事，從實卽報，如有掩諱，查出論罪，以嚴邊事。

一，近來彼人侵越，大爲邊上之患，而究其根本，則實是國綱解弛、邊禁不嚴之致。臣於暗行時，詳採物情，則潛商之弊，蓋非一朝一夕之故，事極駭惋。彼我境界，不過隔一衣帶，沿江上下，村落散處，冰合之後，便是戶庭之間，犯禁相通，元非難事。而江邊諸邑之中，江界則猶有蔘貨通商之徑，至於渭原、理山、碧潼等邑，山川險阻，商旅甚稀，實無懋遷之路，惟此潛商爲利甚大。民之無知者，惟利所在，走死地如鶩。况於耳目不煩之地，彼乃誘之以數倍之利，則其不和應者，有幾人哉？始則暮夜潛通，終乃白晝肆行，浸漬縈絡，牢不可破，此固理勢之所必然。

而江邊之去遼、瀋，道里頗遠，雖大軍之行，千里饋糧，士有飢色。况以走胡之類，勢不能運糧，苟無巢穴依賴之處，則必無屯聚久留之理。自有通貨以來，不患無糧，採蔘搏獸，俱有其利。是以出來之類，歲加月增，潛商之民，亦難繼給，至有侵索鹽醬之弊。蓋自十數年來，狼藉如此，而特朝家未之知耳。

臣且聞義州人之言，則鳳城居人多知碧潼以上人名及人家多少，或問某某人平否，至稱主人。近日越境者皆能我國言語，其常時相通之跡，不啻如泥中鬪獸。而一自朝家嚴禁之後，我人畏誅，內親外拒。彼人則實有乏糧之患，慣熟徑路，來往無難，怒其相絶，恣行侵掠。彼此情節，大抵如斯。封疆之事，愼守其一，境界有限，條令至嚴。我能一守法禁，截然難犯，則彼雖肆然，決不敢容易越來，當初作俑，罪在我人。而自有此事以來，朝議多以彼中紀律之解弛爲笑，而不知我國禁令之不行如此，良可歎也。臣謂自今申嚴邊禁，永杜潛商之路，則侵越之弊，自當有止戢之效。

臣竊聞十餘年來，理山等邑武倅數人，有以官貨潛商者，自是以後，奸民尤無所憚，以至生事之境，傳說藉藉，問其姓名，擧皆牢諱。此事實係隱微，久遠之後，有難覈發。爲官吏者不有邦法，犯境通貨，則彼奸民何責？國綱至此，良可寒心。似此可愕之言，不可不使朝家知之。乞以臣所奏，特命嚴飭邊吏，別爲事目，頒示江邊，使邊上吏民曉然知邦律之至嚴。更令道臣另加察採，隨其現發，卽加顯戮，則庶有畏戢之道。

一，臣竊見江界以下一帶嶺隘，天設關防，如狄踰、牛車、九階、緩項等嶺，無非絶險之地。朝家間置鎭堡，且有各邑臨急退守之議，而迄無措置之實。陰雨之備，疎闊莫甚，臣實慨然。沿江列邑，隔水爲界，而彼此地勢高峻，如蔽屛障，設有不虞之警，實無瞭望之便。賊出洞口，方覺有變，數步之頃，奄薄城下，迅雷不及掩耳，雖有智者，亦末如之何矣。

各邑形勢，終非城守之地，退保之策，在所不已。所謂嶺隘，皆在百里之外，平時措設，雖有必守之形，强寇躡後，衆心洶擾，中道渙散，勢所必至。而况今軍器糧餉，曾不措置，卒有兵亂，無一可恃，守令、邊將皆將竄伏山谷，各自逃生而已。雖有重關複嶺，誰使守之？今之所謂退守者，不免爲空言無實之歸，如是而欲其緩急得力，其亦難矣。議者或以“江邊各邑，並移山中舊基，據守險固”爲言，而祖宗朝沿江列置，意非偶然，決不可輕撤藩籬，以益其疎虞。臣謂宜於嶺隘之中，的定各邑信地，就其處先造倉舍，捧留軍餉，從附近糶糴，以便輸納，邑鎭軍器，折半留置，以免藉兵齎糧之患，徐議設關，臨急據守，方爲萬全。乞命道臣、帥臣審度啓聞，趁速講定，以盡備邊之策，俾有實效。

一，近觀朝議，每以保嶺隘守山城爲務，嶺隘固可保也，山城固可守也，而至於直路則一切置之於相忘之地，臣以爲緩急之失其序也。嘗見《麗史》，蒙兵入寇，常在昌、朔、義三州之境，碧潼以上，多不被兵。丙、丁已然之驗，又復如此。蓋其地勢之險夷，賊路之迂近，有所不同也。目今自狄踰以下嶺隘內外，或設鎭堡，或有城池，皆以臨急退保爲計，雖無必守之形，猶不可謂全然抛棄。

而至於義州以東，大路如砥，無一障礙之所。彼既知我虛實，則萬無舍坦取險之理。長驅直擣，不數日而已入嶺隘之內，誰肯迂取嶺路，以自敝於堅城之下哉？沿路山城，如龍骨、雲暗、凌漢、劒山之屬，不過爲士女避亂之處。慈母、鐵甕，形勢最勝，緩急似可得力，而亦不在於直路之中，終非遮遏賊勢之地。脫有邊警，則方伯避兵於慈母，帥臣逃亂於鐵甕，列邑守令望風奔避於山城。放開大路，便作無人之境，直抵京城，不出呼吸之頃，不幾近於以賊虜遺君父者乎？古之禦敵，守在邊境，而今之議者輒欲避兵於山谷之內，禦寇於國門之外，非計之得也。臣謂自今防備捍守之策，專意直路，毋徒以山城嶺隘爲事，恐爲急務。

蓋我國三韓未統一之時，列國如碁，各相攻擊，築城自固，以避小寇。是以深山窮谷之中，皆有城址。自有安市之捷，大得善守城之名。故自古及今每以守山城爲第一計，而歷觀前事，以野城取勝者亦非一二。此在形便方略之如何，非必山城而後方爲可守也。如平壤、安州形勝，實是野城中難得，而形拘勢迫，未免棄置，良可歎惜。今若燔甓聚石，磨以歲月，不至大煩耳目，庶可漸次修繕。增寘重兵，申嚴戎備，卒然有急，守臣皆以死守爲心，則臣未知其必不可守也。此外直路各邑，勿屬山城，擇其中險阻數處，定爲信地，雖不能登時築城，方便措寘，以爲同力捍守之計，則猶可以少遏賊鋒，不至有直擣京城之急。其視避亂山城者，得失懸矣。且聞朝議欲罷曉星嶺，以嘉山移屬鐵瓮云。直路嶺隘中如此之處，本自難得，雖有避嶺經出之路，自可隨便防遏，決不可容易撤罷。並乞留意。

一，臣聞固圉之策，莫先於固結民心，城池器械，皆是第二件事。而目今軍役之不均，實爲一道之大弊。平時有倒懸之急，臨亂有土崩之憂，臣恐邊事之可虞，不在他而在此也。大抵本道軍兵、身布，監營則納一疋，兵營則納二疋，均是軍役。而苦歇懸殊，避苦就歇，人之常情。是以民之富實者，皆入諸色軍官之中，而其次又入監營軍簿。至於兵營軍丁，則一被簽丁，如就死地。惟至貧至殘之民不得免焉，流離死亡，非朝卽夕。收布之際，勢不得不侵徵隣族，其中稍實者，一家所出殆至十餘疋。雖稱一族，多是所不知何人，不出數年，亦皆蕩敗。是以名爲兵營軍，則人不與婚，以至父子不能相保，一家視如仇讎，疾怨之聲，上及國家，則何暇責以親上死長之義哉？各邑惟以免罪爲幸。

每當歲抄，苟充額數，一道軍兵多擁虛簿。帥臣利其收布，浚民膏血，徒歸虛費，至於軍額之虛實、民情之疾苦，漠然置之於相忘之地。平常之時，猶可苟冀無事，卒然有急，事無可爲。軍額已虛矣，民心已散矣，雖令軍布山積，將安用之？言念及此，不覺寒心。先輩有永革軍布始得精兵之議，而此固有未易辨得者。爲今之計，惟宜均其身役，以絶避苦就歇之路，以紓椎髓剝膚之急，則簽括之際，坐得精壯；隣族之弊，自可稍祛，收拾人心，實無過於此矣。

議者或以兵營用度之不給爲慮。臣未知用度與民心，孰輕孰重？雖失萬同軍布，可得一道民心，利害得失，不待智者而可知。臣於行過兵營時，詳加槩度，則兵營一年應捧六百三十二同四十二疋，而其中四十二同，鐵瓮捧留；十二同，使行求請時用下；八十同，勅需貿置；九同，撥馬儲置；一百九十同，虞候以下將校營吏衣資·朔下、諸匠人·廳直·擺撥·炊飯等軍雇價及營中貿易用下；三百餘同，常時需用及軍士賞格、京各司求請、遞歸時重記置簿云。山城捧留，雖爲不時之需，逐年留庫，亦自不少，減爲二十同，固爲無妨。此外衣資、雇價、貿易、需用、重記、求請等事，俱有推移減省之道，節用省費，不患難給。而備局句管精壯、兩色軍率納二疋，此是待變之需，非有時急之用，特許減半，宜自備局始。至於義州入送防軍布，則罷防之後，實爲無義，半減尤無所害，何憚而莫之改乎？變通之擧，不容少緩，亟願明降德音，兵營所屬軍布，依監營例許納一疋，以結軍心，以重戎政。

一，軍役不均之弊，臣旣詳陳于前。而軍額之日縮，閒丁之難得，專由於軍官名色之繁多，恐不可不變通也。大抵監營軍官，稱以立仕者千餘名，而此外收布者二萬一千六百八十六名，率納一疋。兵營則有納米之規，以至牧府郡縣，亦皆有之。此外山城守堞之屬亦多，而山城中慈母尤甚，名目紛然，殆難勝計，民之家業稍裕圖免軍役者，無不輻集。上有收布補用之利，下有避苦就歇之路，隨願輒屬，無有限節。上好下甚，牢不可破。守令歲抄之時，得一軍丁，則卽納軍官帖，非營府則山城也。一張帖文，無家無之，惟貧殘垂死之民，手無所持，不得不以此類苟充。逃散相繼，存者無幾，則又不得不侵及於隣、族、白骨，事之慘怛，莫甚於此。其在朝家一視之道，豈可驅一道之人而入逋逃之藪，獨令窮民困於軍役，而莫之恤也哉？

議者或言："此類雖以軍官爲名，平時收布，臨亂調用，與軍卒何異？"此亦有不然者。臣於暗行時，投宿民家，太半軍官，而足不踏營門，手不持弓矢，憑依帖文，優閒自在者十居其九。似聞昨年監營有作隊之擧，彼立仕之類，猶有輪番試射之規，而至於轉餉、運餉稱名者，則平生只管納布，不知操鍊之爲何事。如此而謂之作隊，欲其緩急用力，不亦疎乎？一道軍額，徒擁虛簿，累萬精兵安臥其家，而自方伯至守令，徒區區於一時需用之事，知其弊而莫之改，良可慨也。宜令方伯摠集收布之類，能解武事，稍有軍官模樣者，仍付軍官，常時操鍊，以爲手下親兵。其中只爲避役投屬者，並爲查汰，則此與一時盡汰有間，必不敢怨。宜令各邑一體擧行，此後各樣軍官之屬，各定厥數，如有額外私募者，摘發論罪，嚴加禁斷，則過千精壯，可坐而得，白骨隣族之弊，不期袪而自袪矣。宜命廟堂劃卽變通。

且臣於民間，得見三四歲兒皆持監營軍官帖，又或有在腹之兒假名出帖之說。臣問於監營，則果有兒軍官千餘名，而自十歲以上收布云。彼雖兒弱，無非他日精壯，而未離襁褓，已得避役之所。爲弊至此，寧不寒心？諸般名目中，兒軍官之稱，尤極無謂。爲先一並查汰，付諸列邑，待其年長，以充闕額，此後兒弱募入之規，永爲革罷，以杜其弊。

一，臣竊觀戎政之疎闊，未有甚於本道。軍額摠數，不啻累萬，而帥臣惟以收布爲事，操鍊之政，置於度外。爲軍士者不省戎事之爲何物，操弓發矢，茫無所識。至於鎭堡之卒，只供厮役，無有行伍間模樣，雖有軍器，將安用之？脫有緩急，所謂驅市人而戰，幾何其不以將與敵耶？兵使之巡歷，不過一年一度，而年凶則輒停，其在備邊之道，不可一任其抛棄。宜令各邑、各鎭，所管軍卒常常習鍊，趁其農隙，定爲一月一次，敎以坐作進退之節。如防營等處立番軍士交替之際，輒皆合兩番操鍊，以爲常式，兵使巡歷時，試其能否，以施賞罰，則庶有整飭之效。亟命申飭擧行。

一，軍器執頉，臣旣臚陳於別單中。而一道軍器，大抵無形，江邊則多廢四郡舊物，他邑所儲，亦多累百年之物，傷破之患，勢所固然。其中火藥、搗砧，多費工力，郡邑之殘弊者，連値凶歉，且乏物力，實無修補之路，因循抛棄，漸成無用之器，設有警急，將焉用之？不可無別樣變通之道。

臣竊見各邑月課木，例納監營，豐年則準捧一百二十九同四十四疋，而凶年則減半。分大中小殘邑，隨其所納多少，分給鳥銃、丸藥，各有定式。而所謂價木，用於軍器者，僅爲五分之一，其餘盡歸雇馬價。而臣於點閱時，見各邑新受來銃、藥，則甚不精好，大不如久遠之物，此由於監營許人防納，苟充其數之弊，事甚不當。臣意大邑義州、江界、寧邊、平壤等處外，一年條月課，竝爲劃給於該邑，使之修補舊物，其中未備者，隨力添造，以其用下改造數爻，報於營門，巡歷時一一點視，則守令不敢擅用於他處。勢將盡心修改，一道軍器，不日煥新，其視監營所分給若干銃藥者，不可同日而語矣。乞命施行。

一，臣竊見江邊列邑之中，江界、昌城最爲重地，朝家之設置左右防營，實合便宜。江界山川險阻，賊路且迂。如有急警如丙、丁時事，則未必爲首先受兵之地。而彼地所謂老城建州衛，去江界頗近，金皇帝墓、皇帝城皆在滿浦相望之處。皇朝常欲立鐵嶺衛者，卽江邊之地。彼無百年之運，捲歸巢穴，特是早晩事。臣恐當此之時，狄嶺以外，終非國家有也。至於昌城，實爲賊鋒初程。丙、丁之亂，一城魚肉，此爲已然之明驗。兩地被兵，似若有緩急先後之別，而均爲要衝之地，則綢繆之策，不容少緩。況江邊之去兵營甚遠，臨急號令，勢所不及。左右控制之形，惟在防營，而移營之後，廟議多端，軍制及防守信地，尙未的定。平時不爲節制，臨亂何以得力？宜令左右防禦使講定啓稟。且沿江烽燧上下相望，而兵營摘奸，常在近，千里之外，事多虛疎。使防營就所屬邑鎭，無時摘奸，嚴加警飭，而年凶停巡時，亦令防營依營將例巡視管下郡邑，則旣無遠地來往之弊，且無軍備疎虞之患。　如江界則本府倉舍在於滿浦高山城內，冬春例有巡倉之行，因令點視諸鎭軍器，檢飭各處把守，則便如巡歷，事甚便當，並令定式申飭。而昌城移邑之擧，因頃年御史所陳，姑爲中止。兩處利害得失，已悉於書啓，參定可否，惟在廟堂。而數年之間，尙無皁白，民心疑惑，靡有所定。其在國體，不可一向因循。如欲更加審愼，宜命道臣待秋巡審察以聞，以爲指一分付之地。

一，江邊鎭、堡之設，蓋爲嚴把守報警急之地，而若干士卒皆屬於各其官。試以滿浦言之，處於沿江之首，最稱要害之處，而自移防營之後，體貌漸下，無一手下親兵。重鎭如此，他尙何論？曾前兵亂時，有一邊將手持印信，竄伏巖竇，邊人至今傳笑。設又有難，不過如斯。朝家每論嶺隘據守事，必曰“某地，某鎭守之；某處，某堡守之，各定信地，臨急退保”云。而所謂僉使、萬戶，無非無軍之將，雖有險隘，誰與守之？凡事之空言無實，類多如此，可勝歎哉？況其土卒使役於鎭將，名屬於本官，携貳分裂，不一其心。臨亂奔赴之時，全無統領，中道逃散，勢所必至。於彼於此，俱無所益。臣謂鎭、堡土卒，勿屬本邑，一並劃給，以僉萬戶兼帶千把摠哨官之名，屬於防營，受其節制。平時則管束作隊，常常習鍊；臨急則部分往赴，協力同守，則上下相管，稍有邊將模樣，緩急可以得力，並令施行。

一，江邊鎭、堡中，江界之從浦，渭原之吾老梁，昌城之甲巖，殘弊特甚。所率土卒不過六七名，或三四名。烟臺把守，無以替換，軍卒立番，四時長在，實非人所支堪之役，號寃之聲，有不忍聞。而爲邊將者，炊飯刈草，身自爲之，殊無官吏貌樣，良可矜悶。乞命兵營速講救弊之策，劃給鎭卒，以爲成樣之地。此外諸鎭，無非殘弊之處，不可無別樣顧恤之擧。鎭、堡近處空閒之地，許令邊將募民耕作，新入之人，勿侵軍役，使得安存，所收火稅，俾補需用，則庶有資賴之益。

一，江界之楸坡鎭有三處烟臺，而其中石茸烽卽四郡相應之地。自四郡廢棄之後，無處可應，而迄今仍存，誠甚無義。殘鎭土卒甚少，把守烟臺，無以備數立番，如此無用之處，亟宜罷之，使有一分推移之道。

一，江邊邊將，異於內地，徒以朔料資活，而近以凶年減料，不能自給，間有飢餒之患。邊戍乘障，爲任最苦，不幸有變，先被賊鋒，常時尤宜優恤。况積年勤仕之類，僅得一官，而千里絶塞，備嘗艱苦。常年料米，元來薄略，而減給之後，尤無以糊口，良可矜念。况此所減，不過若干斗，未必盡歸於飢民口吻中。所收者少，所損者多，恐非大體之所宜。亟命復舊，自今以後，江邊邊將則雖遇凶年，勿爲減料事，定式施行，以示別樣軫恤之意。

一，沿江把守之卒，爲役最苦，而其中江界尤甚。他邑則守在人居近處，朝往暮來，無齎糧遠赴之弊。而本府之民入把於廢四郡千里無人之境，方當農節，負糧而行，豺虎爲隣，晝夜巡江。四月而入，九月而還，逐年如是。所持糧資，處處乞貸，困於逋債，至有破家賣身者。生年十歲，卽隷此役，未死之前，長不得免，實是他邑所無之苦役，良可傷憐。故參判李世載爲監司時，啓聞變通，勿論嶺內外，入把將卒糧米，以還上每名六斗式分給，除耗捧上，甚大惠也。但其中貧殘之民，連値凶年，還償無路，多有逃散之弊，不可不別爲軫恤。自今以後，江界府廢四郡入把之卒，設賑之時，依飢民乾糧例，所給還上，特爲白給，則大爲慰悅邊氓之道。

一，江邊列邑及鎭、堡，多置槽船，稱以馬尙。守令、邊將或使人漁採江中，多有貽弊軍民之事，奸民又或有潛渡犯越之患，事極駭然，不可不痛禁。如渭原三江渡涉處，則雖非大路，亦不可全無，許令留置一隻，而官封陸置，官行過涉之外，更不敢私用。此外各邑、各鎭，一切禁斷，不得留置。苟有如前漁採之弊，隨現重究，實爲申嚴邊禁之一端，亟命申飭。

一，義州國之咽喉，素稱雄府，財貨委積，人物殷富。不幸有變，先被賊鋒，最爲西路要衝之地，而城池頹夷，軍務不擧，邊圉之事，良可寒心。莅此州者，實兼牧禦之權，爲任至重，而近來朝家多不擇人，輒作法從超躐之階。平時尸居，猶冀無事，脫有警急，其將奈何？宜自今別爲愼簡，文官中以才器見稱人，無論資格，各別擇送。間或以武臣曾經將任，有地望廉聲者差遣，其於修擧軍政之道，庶有所益。且本府白馬山城在於大路不遠之地，山勢險峻，眼界闊遠，直瞰朔野。且與沿江烽燧相望，境內險隘，無踰此城。雖不必爲久守得力之處，猶足爲士女避兵之所。故兵使林慶業始爲設築，意非偶然，而朝家拘於約條，全不修補，一任其毁圮，良可惜也。臣於過路歷入審視，則舊築城堞，猶多存者，城內又多石子，臨急修築，亦自不難。宜令本府擇武士中勤實解事者，定爲別將，爲先守護樹木，增聚石子，以爲漸次修繕之計。民情亦皆如此，亟命施行。

一，昨年因邊倅疏請，有江邊七邑試才之命，實爲聳動邊民之擧。而旋以年凶停止，民心莫不缺望。朝家旣以許施之後，不可延拖以孤其望，特命趁秋冬設行，試取文武人才，以慰邊情。

講義【筵話並錄】

乙巳八月二十八日晝講入侍。上講《孟子》觳觫章"抑王興甲兵"以下，新受音後，侍講官金龍慶曰："上章旣以心爲甚發端，故此章又以快於心有問。蓋齊王有愛物之心，而無仁民之心，故孟子之問如此矣。"同知事李縡曰："若以宣王謂專無仁民之心則過矣，第其愛物之心重且長，仁民之心輕且短。故孟子之言如此，欲王之度之也。"上曰："其言好矣。"

檢討官權穪曰："《孟子》一篇都是遏人欲存天理，人君必以遏欲存理爲務可也。而宣王徒知闢土地朝秦、楚爲務，而不知興甲兵危士臣，故孟子之言如此矣。"上曰："其言切實矣。"

縡曰："興甲兵危士臣，實非人心之所快。宣王旣不忍於觳觫之牛，則豈獨無是心？特爲私欲痼蔽，不之覺耳。故孟子設爲此語，欲爲感發本然之仁心。其至誠開導之意，想見於千載之下矣。"上曰："其言好矣。"

縡曰："宣王見觳觫之牛而不忍殺，仁心本自藹然，至於以羊易牛，則不能自解於百姓之言，此心已昏蔽矣。及夫孟子開陳仁術而後，於予心有戚戚，是則本心復發見矣。然而此心之所以合於王者，則茫然莫之省。孟子又以權度之說，請王度之，則似有犁然開悟之端，而至於笑而不言，則其所大欲者，亦自知其歉愧而不欲言，此又私心也。及以吾惛請明教我爲言，則良心復發見，而卒不能擴充以行王政。此一篇之中，宣王之心，出入昏明，歷歷可見矣。夫仁者，人也。人君孰無仁民之心？而患不能體驗。如此等章，不可徒以文字讀之，一一反之於吾心，常曰：‘予有是心，而無或如宣王之蔽痼歟？’勿看作告宣王之言，常若親聽於孟子，必以察識擴充爲務，則足以保民而王，亦可謂善讀《孟子》矣。”上曰：“其言最善，當各別體念。”

綽曰：“樂歲終身飽之‘歲’字，先正臣李滉以爲非指一歲，當活看爲言。此有先儒定論，故敢達矣。”上曰：“然矣。”

綽曰：“民以食爲天，無食則何以爲生？臣久在鄉閭，慣見民情。民情遇豐年則良，遇荒歲則惡，孟子之言信然矣。此上下兩章，一則昇平氣象，一則衰亂境界。卽今殿下赤子，飽乎？苦乎？死亡乎？免於死亡乎？殿下悶惻之意，每溢於絲綸之間，其視齊王之不忍一牛者懸矣。而尙不能行一善政，民不蒙其澤者何也？宣王有此仁心而不能擴充者，其所大欲，固在闢土地朝秦、楚而然也。臣不敢知殿下之欲在於何事耶？”上曰：“所謂私欲者，豈必如齊王興甲兵危士臣而已哉？凡有一己私意，皆是欲也。予素乏工夫，何敢望擴充之道？常時行事俱未免私意，今聞此語，可不猛省焉？”綽曰：“擴充之本，都在於殿下一心，豈可先爲退托自畫乎？”上曰：“予非欲退托自畫，未擴充之前，皆私欲，故如是言之耳。”綽曰：“克得一分人欲，擴得一分天理，譬則陰消則陽長矣。殿下於一念萌處，察其公私，知其爲人欲也，則必遏絶之，彼本然之仁心自然泉達而火燃。卽此而推之，足以保八域矣。朱子集註'察識擴充'四字最有力，願殿下就此體驗而力行之，毋令後人若今日之恨齊王也。”上曰：“所陳皆好，可不惕念焉？”

權𥛚曰：“發政施仁，王政之所先，故肅廟朝亦有優老之典。今者陵幸時，若選本州老人，賜給食物，則好矣。”縡曰：“儒臣之言固有見，而近來恩澤非不足矣。若只施優老之典於楊民，則此特區區小惠，何示人不廣哉？今殿下發政施仁，制其恒產，使人人各知養老，此爲王者博施之政也。”上曰：“先朝溫幸時恩典，實出常格之外。昨者陵幸，招問楊民，蓋爲十二陵奉安之地，責役必多，故欲知民弊而招問矣。至於特施優老之典，則適足以示人不廣也。楊民適見而知之矣，此外不知有幾箇可恤之人耶？博施濟衆，堯、舜其猶病諸。然若以陵幸時所見，只施賞典，則似偏隘矣。宰臣之言甚善，此是猛省處也。”

縡曰：“孟子之言句句皆實。五畝之桑、百畝之田、鷄豚狗彘等事，似若尋常，而爲齊、梁之君各陳者，蓋實政也。庠序之教，與《論語》庶而富而教同義，夫無教則雖有常產，必不能養老。結語中只言帛肉飢寒，而不及孝悌之義者，蓋包在其中矣。”上曰：“其言好矣。”

縡曰：“人君當黜覇功行王道，王、覇之分，不必見於事爲，只此一念之間，公則王，私則覇矣。天地以生物爲心，人具此生理，自然有惻隱慈愛之心，而不能擴充則便梏喪之矣。殿下不忍人之心，往往發見，而終未見擴充之實效。

非無此心，而奪於功利之私者，豈獨齊王一人哉？《孟子》一書，主於遏人欲存天理，而尤嚴於王、霸之別矣。朱子曰'恐孤負此翁'，此翁卽孟子也。殿下必以朱子之言服膺而存省幸甚。"上曰："其言尤好，當體念焉。"

綍曰："殿下講後溫習之工，未敢知如何，而所講行數似多，莫如從少讀之、詳玩意味之爲得也。"上曰："曾在先朝，彀觫章分二而進講，故今亦體此爲之矣。"綍曰："殿下自前所講，未知何書，而第聞已講《論語》云。讀書次第，必先《論語》次《孟子》，自可有循序致精之效，而讀書之法，溫習後隨疑講確，方覺有進，不可草草一讀而止。況此章及浩然章義理無窮，尤當減其行數而熟講也。"上曰："經書異於看史，不須多，只要熟看，豈非胡氏之註說乎？溫習後講論之語，尤好矣。"參贊官洪鉉輔曰："此後則若定以三十行則好矣。"上曰："承宣之言好矣。"綍曰："經傳之註，朱子一生用工處，自有無限意味。此註人視之不若《論語》、《大學》之註，而實則不可上下，若於此潛心熟玩，庶可因朱子之註而知孟子之心矣。"上曰："然矣。"

上曰："吏曹參判進來。"綍進伏。上曰："庚子冬因山時，見卿於明陵。日月幾何？卿之鬂髮已皓白矣，不覺感傷。卿之叔父事，至今思之，傷怛于心。今又見卿，尤爲愴然矣。"綍曰："臣於肅廟丙申年間，以承旨入對大行朝，以山陵都監堂上一肅天陛。辛丑練祥時，又造朝，乞解銓職，以軍銜入參內班．而誠淺不能上格，遂哭於闕外而退歸，卒不得一近淸光矣。今於禍釁流離之餘，復登天陛，追念往昔，不覺感淚之縱橫。臣之叔父抱寃泉下久矣，向賴天日下照，丹書一洗，哀榮備至，闔門頌祝，不知死所矣。至若無狀賤身，乃蒙記識於積歲之後，愍其衰白，德意丁寧，揆諸涯分，實有過福之懼，惶恐感激，益不知所達。”上曰：“向者卿之引嫌過矣。學術高明，予已知之矣，不能早致者，莫非予之誠淺，今幸致之。卿旣是出身事君之人，異乎山林高蹈之士，則豈可邁邁乎？予必留卿，卿其出入經筵，補予不逮。”綽曰：“臣之積釁多矣。人臣事君，夷險燥濕，義所不擇。向年均田之命，不過一時往役，而臣乃抵死力避，自速威譴，臣旣自知。以私廢公，决不止此一事。如是而虛縻榮祿，巧占便宜，又臣之所深恥。惟當沒齒屛廢，以爲人臣不識分義者之戒矣。且臣母五十五歲，臣猥以終養爲請肅廟，至降情理矜憐之敎。今則母年已七十矣，使臣在朝供仕，亦當退而乞養。况已退者，其可復進乎？臣之蹤迹，豈敢以經筵官自處？而只爲一瞻天顔，冒昧入來。今則志願滿足，雖退塡邱壑，亦無憾矣。”上曰：“先朝雖有一時警責，此不過未及洞燭卿情事，豈可以此爲嫌？且古人有言：‘求忠臣，必於孝子之門。’卿之心事，雖未及暴白於先朝，及今殫誠補予，自可爲暴白之道矣。予雖誠淺，終豈捨卿乎？”綽曰：“聖敎勤懇若此，益增感泣。臣雖無狀，豈敢自阻於先朝匪怒之敎哉？臣罪，臣實自知，聖上雖欲曲恕，臣義當自廢矣，孤負恩旨，大增死罪。”上曰：“卿之引嫌，終過矣。”

綽曰：“臣有向者一疏，言涉狂愚，不足以槪上心。乃蒙聖度寬容，過賜嘉奬，至以座右銘爲敎，不獨微臣之榮。

大聖人察邇之德，孰不欽歎也哉？臣既入瞻天顔，倍激愚衷，請更申未盡之懷。

臣竊觀三代之際，人君有道之多而無道之少。此無他，其時君臣上下所相勉戒者，不越乎畏天敬天。尋常言語，動必稱天，朝夕只見天長在眼前，以至一動一靜一言一事，常若有赫然臨之者，非僻之心，自不敢萌；敬畏之念，自不敢息。《書》所謂'上帝臨汝'、'顧諟天之明命'，《詩》所謂'無曰高高在上，天惟顯思'，又曰'昊天曰明，及爾出王；昊天曰朝，及爾游衍'者，皆此意也。後世無道之君不知有此道理，其不慢天者幾希，慢天而國不亡者有之乎？

夫人君，天也，殿下，東方之天也。天之所以爲天，只是至公無私、至誠無僞而已。人君既繼天立極，則事事物物，莫不各有一箇天理。所以酬酢萬變者，不過廓然大公，物來順應，不可容一毫私智於其間矣。殿下必於一念之頃，默察其孰爲公孰爲私孰爲誠孰爲僞，去其不如天者，存其如天者，則是亦天而已矣。天者，以理言之則道也，以命於人者言之則性也，其氣則又浩然塞乎天地。《中庸》說神'如在其上，如在其左右'，而只曰'誠之不可揜如此'，蓋天人之理與氣一也。所以中和之功，能至於天地位萬物育之域矣。殿下苟以體天存心，則意思自然恢廓。語其細密工夫，則又當戒懼謹獨，以致中和之極功矣。夫以匹夫而致中和，猶令一家有位育之驗，人君獨不能然乎？其位育之盛，足與堯、舜齊美，吾東方億萬蒼生，庶幾復見三代之治，豈不休哉？張子曰'爲天地立心'，程子曰'天德、王道，其要只在謹獨'，惟殿下懋哉懋哉！”上曰：“其言當體念不忘矣。”

綷曰：“人主一身，卽宗社臣民之所依托，顧不重歟？方今儲貳蚤建，大繫民心，而國勢終是孤單矣。殿下上爲宗社，下爲臣民，宜不敢自輕其身。而竊聞卽阼以來，早夜孜孜，政事無一壅滯，憂勤可謂至矣。然而文王之不遑暇食，蓋急於惠鮮懷保，咸和萬民，豈區區勞弊於簿書之末哉？聖人所愼者疾，至列於齋、戰之下，其意深切。愼疾之道，惟當以淸心寡慾爲本。朱子曰：‘今日之事第一惟勸得人主收拾身心，保惜精神。’惟殿下戒哉戒哉！”上曰：“其言尤好，各別留意焉。”

綷曰：“先正臣宋時烈當孝廟初服，陳戒以爲：‘殿下居喪之禮，明白純粹，無少瑕翳，則聰明日益，志氣日剛，大有益於進學矣。’且引‘相在爾室，不愧屋漏’之詩，非先正，不能進此言矣。臣惓惓之忠，未能自已，爲殿下誦之，切願深留聖意。”上曰：“當體念焉。”

綷曰：“臣伏聞東宮天資岐嶷，是宗社無疆之福。然輔翼之術，莫急於早敎諭，《小學》始敎，亦先擇保母矣。雖在冲歲，如宦妾之在傍者，必擇其謹良，毋令導以非義。外而抄選端方之士，日侍講筵，使相親熟而擩染，殿下又頻致座右。以《小學》所論陸績懷橘、黃香扇枕之類，只如俗說，使曉此道理，則可以感發冲年之善心矣。第殿下或於燕閒之際，一有怠惰之氣、玩好之具，東宮必視以爲法，先須表裏動靜粹然一出於正而後，方可爲燕翼之謨矣。世宗大王嘗下敎曰：‘東宮有過，實予有過。’此實祖宗明訓，尤不可不體念矣。”上曰:“更當留意焉。”

絳曰:“臣向伏見殿下有惜陰之敎, 大禹以后, 人君鮮能爲此言矣。況殿下昨經陵幸, 今又進講, 勤學之誠, 可謂至矣。但學問之道, 貴在知要, 而立志爲先。竊聞殿下嘗以晩學爲歎, 而朱子謂‘三十則從三十立脚跟, 四十則自四十立脚跟’, 又以一敬字爲塡補《小學》之法, 此殿下所當服膺處也。

夫天下之事, 莫不有理, 大而君臣父子, 小而日用事爲, 皆當窮其所以然與其所當然。而惟古之聖人, 能盡其性, 所言所行, 無不可爲天下後世之大法。欲窮其理而不卽此以求之, 無異面墻而立。此所以爲學莫先於窮理, 窮理必在於讀書也。

讀書之要, 必先去其怠惰間輟之習、貪多躐等之病。要令潛心玩繹, 意味浹洽, 自然心與理會, 欲罷不能。杜預所謂‘怡然理順, 渙然冰釋, 若江海之浸, 膏澤之潤’, 如是而後, 方可謂讀書人耳。然而讀書與存心爲一事方得。人君一身, 萬機叢集, 讀書之暇不多。若待無事靜坐而後爲學, 則恐無其隙。必如許衡所謂‘雖在千萬人中, 常知有已’而後, 無事而虛寂, 以養其體; 有事而照察, 以正其用, 聖學脚跟於此立矣。然則居敬持志, 又當爲讀書之本, 此非臣言, 乃朱子之訓也。所謂居敬, 亦無別法, 臣之最初所陳‘上帝臨汝’之說, 亦此意也。殿下不於此用力, 而徒以晝筵進接爲應文備數之資, 則是有勤學之名而無勤學之實矣。願殿下勉哉!”上曰:“所陳之言皆切言, 當各別留意焉。”

綍曰:“民生倒懸之意, 因文義陳達矣。目今八路民生之有恒産者幾何? 山澤之利, 盡歸於諸宮家、各衙門, 許多田土都爲士大夫農庄。 其能保守祖先以來相傳基業者, 百無一二, 何暇於仰事俯畜之樂乎? 況白骨、隣族之弊, 罔有紀極。蕩析流散, 墟落蕭然, 扶老携幼, 啼哭滿路。殿下深居九重, 何以盡知其情狀乎? 三南, 國之根本, 而今年已判赤地。聞下直守令之言, 則賑廳亦無粟可捄, 只令守令拮据, 大臣又以監賑御史爲有弊, 而不爲發送。御史固未必有益, 而守令旣無拮据之策, 朝廷又無監賑之擧, 彼嗷嗷望哺之民, 何所恃而不爲離散乎? 自古亂亡, 必在於凶荒飢饉之餘, 黃巾、葛榮之亂亦足爲鑑。不幸桴鼓一警, 則八域有土崩之勢矣。思之至此, 凜然寒心。臣不敢知自上或有別樣救濟之策乎? ”上曰:“以卽今民事言之, 則岌嶪二字, 猶是歇後語也。梁惠王移粟之事, 此特末務, 而今日則末務亦不得爲之矣。”

綍曰:“移粟固末務, 而亦不得爲之, 則其將立視其死而已乎? 君之於民, 猶父母之於子, 孟子亦曰‘惡在其爲民父母也’。夫父母之於子, 爲之趨利避害, 無不用極。今有赤子飢餓將死, 宛轉叫呼於其側, 則其父母之心何如也? 殿下苟以此爲心, 則當玉食而念其顑頷, 自不忍下咽; 御錦衣而念其懸鶉, 不自知爲煖, 雖九重深邃, 而仁民惠澤自可潛孚於千里蔀屋之下, 臣恐殿下不能然也。”上曰:“予誠有是心, 而不能行救民之政, 民誰信之? 予亦敢謂有是心乎? ”

綍曰:“聖教誠然。殿下有實心, 則必有實政, 而旣無實政，臣知殿下之心不實也。”上曰：“予雖有是心，蔀屋之下，恩未及焉，正猶唐德宗之事矣。百姓謂有大振作之擧，而徒歸文具，終無實效。予若有實心，則決有大振作之擧，而每欲設施某事，而不無甲乙之論，上下委靡，不得振作耳。人君固是民之父母，而在朝之臣亦與民同胞，當以救民之術輔導之矣。”綍曰：“殿下毋以唐德宗事下教。漢、唐以下，臣不欲聞也。”上曰：“唐德宗猶尙如此故云耳，非以德宗爲可法也。”

綍曰：“小臣所望於殿下者，三代之治也。先王有不忍人之心，斯有不忍人之政。文王之心，視民如傷，故其見於政者，耕者九一，仕者世祿，關市不征，澤梁無禁，鰥寡孤獨廢疾者有養矣。今殿下不能如文王之發政施仁者，以其無如傷之心也。朱子詩曰'若知赤子元無罪，合有人間父母心'，此言尤痛切。殿下苟以此存心，則不患無救民之政矣。

古人以國無三年之蓄，謂之寒心，今則國無一年之蓄矣。今年三南雖大歉，諸路則稍稔，而人心猶遑遑，若不保朝夕。不幸嗣歲或値荐荒，則擧國將枯涸，雖欲不亡，得乎？今日時勢，殆同亂離，惟當以衛文公大布之衣、大帛之冠爲準，猶可以捄得一分。殿下其可視之以宴安無事，而不思所以大警動之擧乎？殿下臨御以後，無他施措，自春至秋，國有大論。此蓋天理民彝之大者，聖心之所蔽惑，惟此事爲可見，故臣之前疏亦盛論矣。此事苟以義理裁量，則亦可一言而定，而上下相持，徒損國體。民憂國計，閣置一邊，寧不慨然？

爲今之計，惟有亟下哀痛之詔，以繫八路渙散之民心，內而宮中服御器用，痛自刓損，外而諸司冗費，十分節省，律貪贓革奢侈。且詔廟堂諸臣，速講救民之實政，使孑遺之民獲蒙若保之澤，千萬幸甚。”上曰：“其言俱善，燕閒之時，各別猛省焉。”

緈曰：“聖上雖下哀痛之教，若無實惠，則民亦不信之矣。抑臣有所獻。向者疏批，有‘今之彰義，卽古於義’之教矣。於義是孝廟私邸耶？”上曰：“是仁祖大王本宮矣。”緈曰：“聖批所引仁祖事，可見聖意之攸存矣。內司則其來已久，然八路疆土，盡是殿下所有，何必屬之私宮而後爲好哉？如龍潛舊第，猶或守護，而其所屬外方折受處，一切革罷，以示德意，則大有光於聖德矣。”上曰：“其言好矣。然宰臣未知此事出於昨年冬擧條中耶？當初置之之意，亦有所思。未來之事，不必明言，而後來亦不無一分除去民弊之事耳。”

緈曰：“臣實迷甚，但知私宮之爲民弊，不知除去民弊之爲何事也。仁祖朝故事固有之，而特命革罷，豈不大慰民心乎？”上曰：“予非特效仁祖故事也。”緈曰：“我仁廟，中興聖君，豐功偉烈可法者非一，殿下何必獨取此一事？今若革罷，則實有光於仁廟矣。然以臣齟齬一言，安可望感回天聽？况心不欲而强爲之，則雖罷私宮，其私心猶在，何益之有？殿下睿學高明，苟深念八域皆吾土、王者無私財之義，又念財聚民散、財散民聚之訓，於此而渙然開悟，則將不待臣言而特命革罷矣。更願留意焉。臣又聞其宮近來復有折受處云，此何事也？豈非有損於聖德乎？”上曰：“折受之事，元無之矣。”

緈曰：“若臣誤聽則幸矣。或有之則百姓雖無知，方在嗷嗷之中，而奪其世業，屬之私宮，其怨言何如？又將謂殿下何如也？”上曰：“其言尤好，更當加意焉。”緈曰：“‘天無私覆，地無私載，日月無私照，王者奉三無私，以勞萬民’，此大公之道也。唐太宗之責龐相壽曰：‘我昔爲王，爲一府作主，今爲天子，爲四海作主，不可偏與一府恩澤。’臣纔以殿下勿引漢、唐爲請，而太宗之言，猶可取也。

臣聞殿下於舊時春坊、翊衛司僚屬，　多示庇護之意，此亦示人以私之一端也。且以頃日掖隷事見之，殿下於近習，恐不無私恩也。況閹寺之禍，必至亡國，試念向來尙儉事，豈不大可懼哉？此路一開難防，毋曰吾威明足以檢制而忽之，必須痛遠近習，一以嚴宮禁杜私徑爲戒，國家幸甚。”上曰：“宰臣之言如此，可不惕念哉？第於春坊舊僚，非有私之之意，見其人而知其人，故間有所云云矣。予若有如此之意，而又有如此之言，則亦豈誠實乎？”

緈曰：“人君規模狹小，則不可以大有爲。臣願殿下勿以煦煦爲仁，勿以察察爲明，開廣聰明，恢拓心胸，務以致廣大爲意焉。臣於前疏，以心之大小爲言，今日陳對，復以體天爲第一義者此也。”上曰：“眷眷如此，別爲體念焉。”緈曰：“人君爲治，必以用賢爲務，而我國專尙科目，科目中人未必皆賢。巖穴讀書之士，致之朝端，豈不大有益於治道哉？漢時隱者被徵辟嘆曰：‘後宮千數，其可減乎？廐馬千匹，其可損乎？’遂不至。隱者猶如此，況道學自重之士乎？夫使天下之士欲立於朝者，都在人君爲政之如何。樂善好德，治教清明，則賢者將于于而至，況以誠禮待之，焉有不至之理乎？曾在孝廟朝，先正臣宋時烈、先正臣宋浚吉一時被召，羽儀王庭。近來儒者不出，成一規模，或有身不出戶庭而坐致台司矣。大凡待賢之道，貴在誠意交孚。恩數不必過隆，爵秩不宜驟高。恩數過隆，則當之者不堪；爵秩驟高，則其進也愈難。昔程子以布衣被召，爲校書郎，願一見而後命官，及充崇政殿說書，則又辭曰：‘若言可行，敢不就職？’儒者法門本自如此矣。願殿下凡於徵辟之士，勿虛縻以爵秩，過紆以恩數。務積誠意，必期招徠，使之出入經席，輔導君德，則世道幸甚。”上曰：“所陳儘好，可不留心？但古人有言‘責人則明’，卿則必欲退去，而猶謂必致巖穴之士者，果何如也？”綍曰：“臣本科目常調，素乏才能，豈敢比擬於巖穴之賢乎？臣之必欲退歸者，不過抱疾嬰釁，不堪從仕。只願守得一段廉義矣。”

綍又曰：“人主之職，非獨治民，實主一世之師道。季世君人，鮮能知此道理矣。近來先正寢遠，士習大壞，惟逐逐於科業，而瞢然於經學，此非細憂。賢關，實國家元氣，而殿下又折辱之，三百年培養之意盡矣。自今大比之外，勿爲頻設科擧。一以經術導迪而後，方可培植元氣，丕變一世矣。大司成固當極擇久任，以責其效。敎官之職固微末，而所關甚大。彼童蒙之流，雖似眇小，他日卿相，皆由此出，不可不預存養正之工。敎官得人而後，卿士子弟方可趨向，銓官入對時申飭，以學行之人，使之各別擇選恐宜。殿下實兼君師之義，故有此仰達矣。”上曰：“予當體念焉。”

洪鉉輔曰：“臣聞宰臣之言，縷縷陳勉，至於救民之意尤切矣。必有大振作，然後可以濟活民生，未知以何策爲之乎？”上曰：“宰臣之言好矣，可不體念乎？”洪鉉輔曰：“似聞贊善有欲去意，殿下必以誠禮勉留何如？”上曰：“頃於贊善入侍時，以出入前席講討文義爲教，而徑以贊善之職還授，故有欲退之意。此莫非予誠意未孚之致耳。俄者宰臣所陳勿縻以爵秩者，誠然矣。”洪鉉輔曰：“宰臣在此，言之未安，然宰臣之文學爲一世所推。殿下必以誠禮勉留，出入講筵，討論文義似好矣。且史局之役，無人可托，今若以修史之任，一委宰臣，則豈有退去之義乎？”上曰：“五載之內，再遭天崩之痛，心神錯亂，忘却未暇言矣。承宣先爲發端，吏參更爲進來。先朝實錄，尙未訖工。卿兼帶史局之任，豈不重歟？以凡人論之，父兄之文字，必欲纂次成集，固是至情。況先朝修史之役，其重何如？卿若專意修史，則如頃者大臣所達，以軍銜待卿，卿亦無所難矣。卿何以爲之耶？”

縡曰：“賤臣去就，有若江海之鳧鴈，而聖教勤摯若此，惶感無地。先朝實錄，汗靑無期，固羣下之所共憂悶。而顧念才學淺短，決不敢擔當。況臣退伏田廬，今至十數年，今若自托於先朝實錄之重，因仍不去，貪冒榮祿，則其爲去就，將作何如人也？實錄乃重事也，惟其體重也，故必須愼擇其人，以委編摩之役，方可以徵信於來世。若使去就無義之人當之，則安在其重實錄之意哉？”上曰：“卿言終爲過矣。”縡曰:“分義雖嚴，廉隅亦重。臣雖被重譴，不敢冒當矣。”

洪鉉輔曰:“宰臣之言，出於謙愼之道矣，若以誠意勉留，則似無固辭之義矣。”上曰:“若以淸顯之職待之，則辭之猶或可也。許遞本職，只以史局之任委之，則豈可過辭乎?”綷曰:“本職臣之虛帶，已閱六朔，如蒙變通，誠爲大幸。而至於修史之任，終不敢當矣。”洪鉉輔曰:“殿下若以誠禮眷遇而勉留，則宰臣似不過辭矣。”上曰:“承旨向在玉署，常陳勉戒，今處銀臺，又如是眷眷，誠甚嘉尙矣。各別留意焉。”

權𥛚曰:“宰臣以難進之義畢陳矣，先朝實錄，何等重大耶? 臣亦待罪史局郎廳，詳知史局之事矣。都廳及堂上，俱以本職兼帶，修史纂修之日常少矣，決無訖工之望。宰臣所帶本職若遞之，而專委修史之任，則似好矣。”金龍慶曰:“宰臣有必退之志，然肅廟朝實錄史役，猶不至十年矣。宰臣今若許遞本職，而入直史局，專意纂修，則數年之內，可以訖工矣。宣廟朝實錄，癸亥後，故判書李植使之專任而訖工，今可法古矣。”上曰:“李植卽號澤堂人耶?”僉曰:“然矣。”上曰:“實錄正如今時之遷延，則豈有汗靑之期乎?”金龍慶曰:“若以史局之事任之，則宰臣豈有可辭之義? 而向者疏辭，只以文字答之，不爲施行，故宰臣不欲留矣。”上曰:“所言當加意焉。”

綷曰:“小臣一參練祥而來，今幸一瞻淸光而退。非以一言爭去就也。”上曰:“後日當有下敎，一番登對後，更爲去就可也。”綷曰:“小臣欲守士夫廉隅，有此退歸之志，決不可仍留矣。”上曰：“久聞其名，日昨疏中警戒箴誨之語，予已嘉尙矣，今又親聽其言，勉戒之意，眷眷不已。且其首段所陳之語，與《敬齋箴》意一般，非所得之深，烏能如此？予決難捨卿，卿於日後更爲入侍可也。”綷曰：“迂賤之言，無一可取，而過蒙嘉奬至此，惶恧罔措。臣旣一侍講筵，明日退塡邱壑，亦無所恨。使下之道，亦不當以爵祿束縛之也。”上曰：“此則異於爵祿束縛者矣。卿欲以軍銜處之，則雖終身許之，不難矣。”綷曰：“臣之不敢仍留之狀，已悉於前，惶恐之外，更無所達。”仍退出。”

著者 **李縡**

本貫은 牛峰, 字는 熙卿, 號는 陶菴, 寒泉이다. 父親은 李晩昌, 母親은 閔維重의 女로 仁顯王后의 妹이다. 1680年(肅宗6) 9月 28日 漢陽 薰陶坊 鑄字洞 外家에서 出生했다. 5歲에 父親喪을 당하여 仲父 李晩成의 訓導를 받았다. 1702年(肅宗28) 文科에 及第하여 藝文館 檢閱, 吏曹 正郎, 咸鏡北道 兵馬評事, 水原 府使, 大司成, 禮曹 參判을 歷任하였다. 1722年(景宗2) 仲父가 辛壬獄事에 連累되어 獄死하자 麟蹄에 隱居하였다. 英祖 卽位 後 大提學, 吏曹 參判에 任命되었으나 모두 辭職하고, 1728年(英祖4) 母親喪을 契機로 龍仁에 寒泉精舍를 짓고 講學에 沒頭하였다. 이후 大司憲, 工曹 判書, 左參贊에 任命되었으나 모두 辭職하였다. 1746年(英祖22) 10月 28日 廣州에서 逝去하였다. 文集《陶菴集》과 함께《四禮便覽》,《書社輪誦》,《三官記》,《宙衡》,《檢身錄》,《四書講說》등 많은 著述을 남겼다. 諡號는 文正이다.

校勘標點

崔禮心

1967年 忠北 堤川 出生. 民族文化推進會 國譯硏修院 硏修部 및 常任硏究部를 卒業하였다. 民族文化推進會를 거쳐 檀國大學校 東洋學硏究員 責任硏究員으로 在職 中이다. 《承政院日記》(共譯), 《月汀集》(共譯), 《龍洲遺稿》(共譯), 《於于集》(共譯) 等을 飜譯하였다.

張裕昇

1976年 서울 出生. 成均館大學校 漢文學科를 卒業하고, 韓國學中央硏究員 韓國學大學院을 거쳐 서울大學校 國語國文學科에서 〈朝鮮後期 西北地域 文人 硏究〉로 博士學位를 받았다. 韓國古典飜譯院 古典飜譯敎育院 專門課程을 마치고 韓國古典飜譯院 飜譯委員을 거쳐 現在 檀國大學校 東洋學硏究員 責任硏究員으로 在職 中이다. 《正祖御札帖》(共譯), 《英祖 承政院日記》(共譯), 《東國歲時記》, 《玄皐記》, 《韓國散文選》(共譯) 등을 飜譯하였다.

權津鈺

1979年 慶北 永川 出生. 高麗大學校 漢文學科를 卒業하고, 同 大學校 國語國文學科에서 〈澤堂 李植의 騈文·古文 硏鑽과 散文 創作의 實際〉로 碩士學位를 받고 〈橘山 李裕元의 學問 性向과 類書·筆記 編纂에 關한 硏究〉로 博士學位를 받았다. 高麗大學校 民族文化硏究院 硏究員을 거쳐 現在 檀國大學校 東洋學硏究員 先任硏究員으로 在職 中이다. 《樂全堂集》(共譯), 《於于集》(共譯), 《韓非子集解》(共譯), 《梧川集》 等을 飜譯하였다.

李承容

1981年 慶北 義城 出生. 嶺南大學校 漢文教育科를 卒業하고, 成均館大學校 漢文學科에서 《朝鮮後期 江華學派 漢詩研究》로 博士學位를 받았다. 韓國古典飜譯院 古典飜譯教育院 研修課程과 專門課程을 마치고 檀國大學校 東洋學研究員 先任研究員으로 在職 中이다. 《宛丘遺集》, 《貞觀政要》(共譯), 《樂全堂集》(共譯), 《完譯正本 擇里志》(共譯) 等을 飜譯하였다.

圈域別據點研究所協同飜譯事業 研究陣

研究責任者 **金文植**(檀國大學校 史學科)
共同研究員 **尹載煥**(檀國大學校 國語國文學科)
金愚政(檀國大學校 漢文教育科)
責任研究員 **許鎬九**(檀國大學校 東洋學研究院)
張裕昇(檀國大學校 東洋學研究院)
崔禮心(檀國大學校 東洋學研究院)
先任研究員 **權津鈺**(檀國大學校 東洋學研究院)
李承容(檀國大學校 東洋學研究院)
研究補助員 **申阭穗**(檀國大學校 東洋學研究院)

校勘標點
陶菴集1

李縡 著 | 崔禮心·張裕昇·權津鈺·李承容 校點
初版 1刷 發行 2019年 12月 31日
編輯·發行 학자원 | 登錄 2011.4.6. 第2011-14號
住所 (05355) 서울시 강동구 천호대로 1121
電話 02-6403-1000 | 팩스 02-6338-1001 | 이메일 hakjaone@daum.net

값 30,000원
ISBN 979-11-6247-148-7 94810
979-11-6247-147-0 (세트)